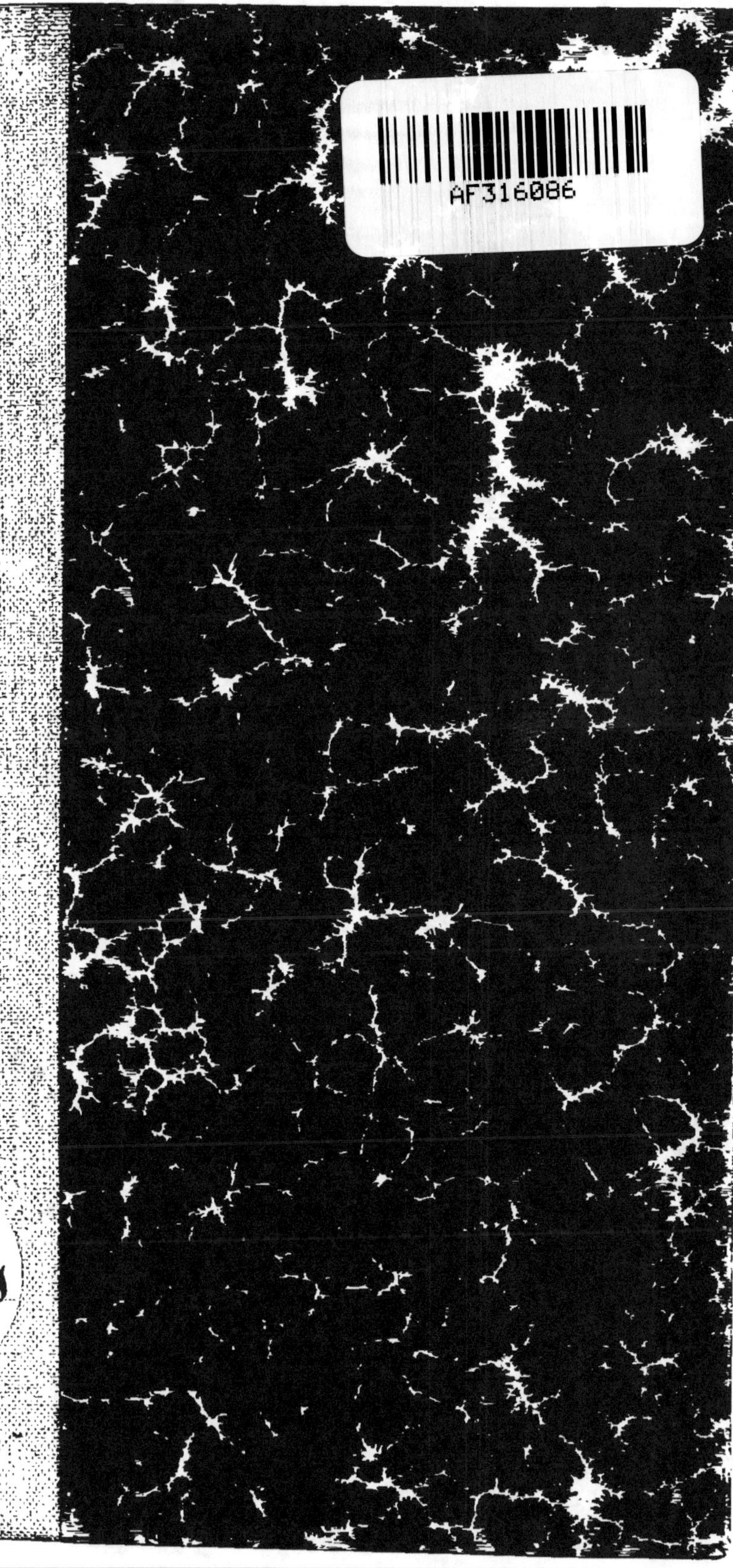

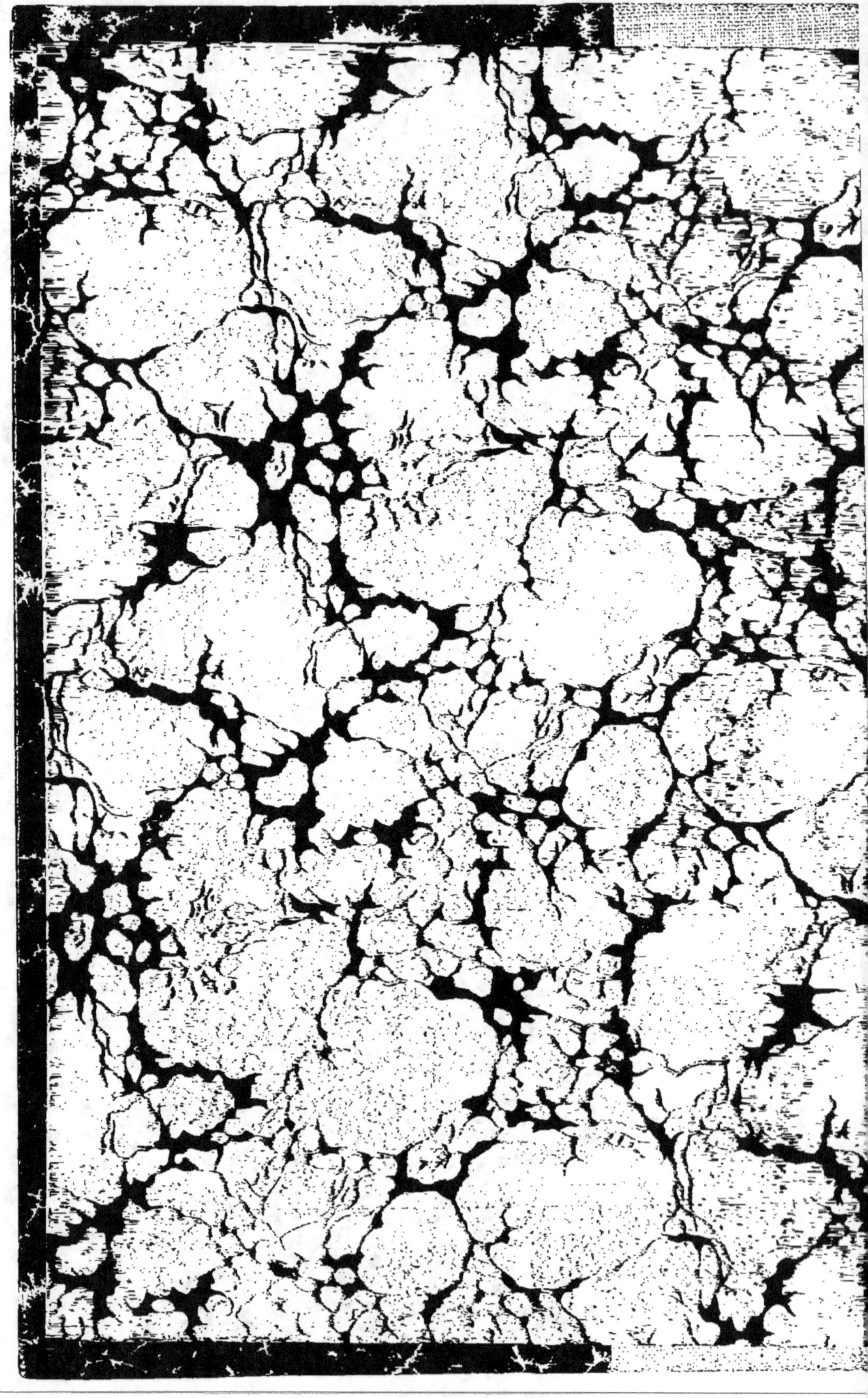

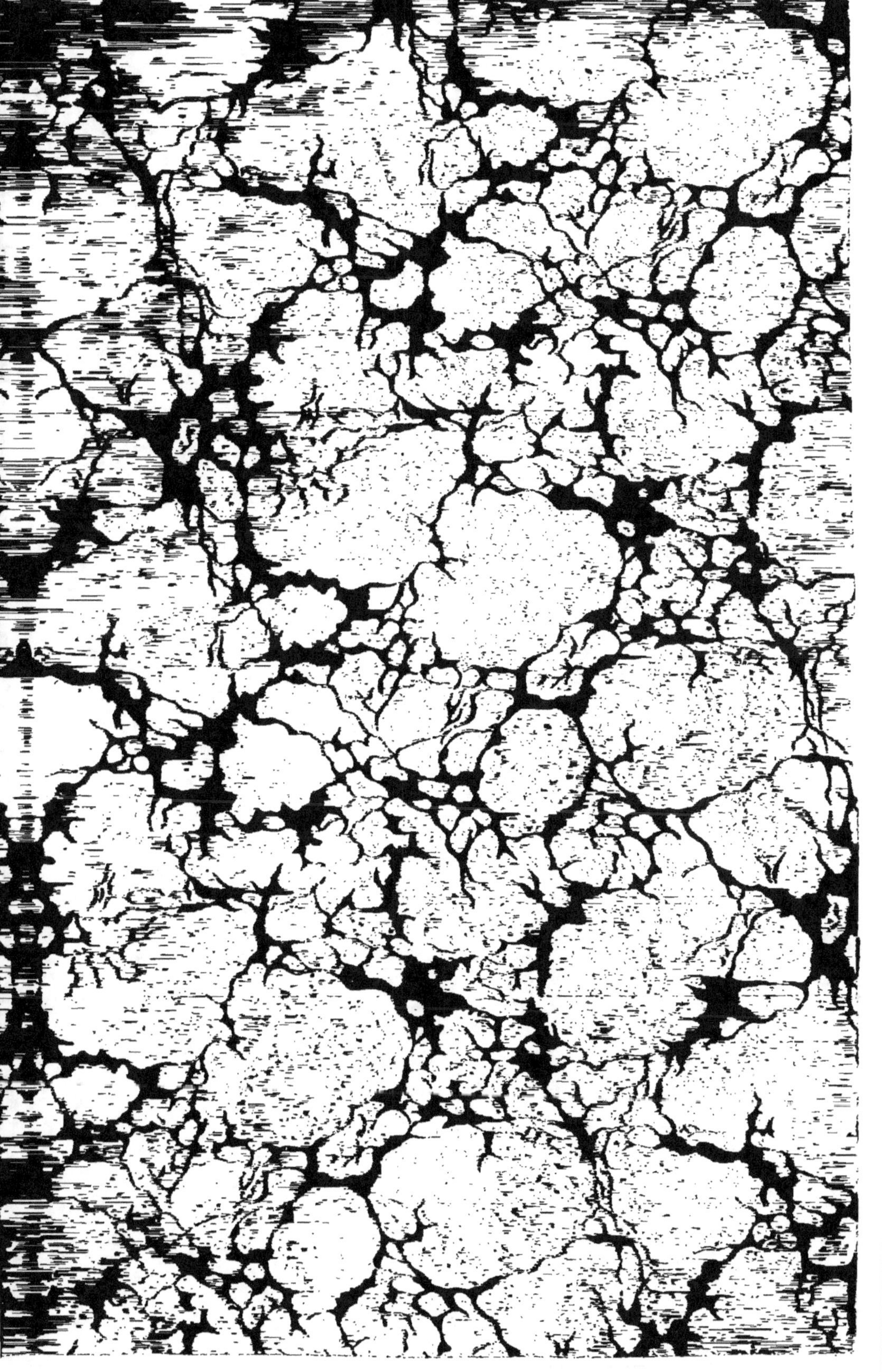

LES HOMMES DE LA RÉVOLUTION

CARNOT

PAR

CH. RÉMOND

PARIS

EUGÈNE WEILL ET GEORGES MAURICE, ÉDITEURS

169, BOULEVARD SAINT-GERMAIN, 169

1883

CARNOT

OUVRAGES A CONSULTER

Le Moniteur de la République (ans II, III et IV).

Archives nationales (C. W¹, C. W², 548).

Registres du Comité de Salut public (cartons du Tribunal révolutionnaire, Archives de la Préfecture de police).

Mémoires du temps (surtout ceux de LEVASSEUR, BAUDOT, DUMOURIEZ, GOUVION SAINT-CYR, GRÉGOIRE, THIBAUDEAU).

Mémoires de Carnot, par son fils. Paris, Pagnerre, 1869,

La Révolution française (période d'exécution), par M. HIPPOLYTE CARNOT. Bibliothèque utile. Paris, Germer-Baillière.

La Révolution, EDGAR QUINET. Paris, Lacroix, 1869, et les **ouvrages** de THIERS, MICHELET, MIGNET, HENRI MARTIN, LOUIS BLANC, etc., sur la *Révolution française.*

PARIS. — IMP. P. MOUILLOT, 13-15, QUAI VOLTAIRE. — 30936.

WATTIGNIE

BIBLIOTHÈQUE FRANÇAISE

LES HOMMES DE LA RÉVOLUTION

CARNOT

PAR

CH. RÉMOND

Carnot est la logique
de la Révolution.

THIERS.

PARIS

EUGÈNE WEILL ET GEORGES MAURICE, ÉDITEURS

169, BOULEVARD SAINT-GERMAIN, 169

1882

CARNOT

CHAPITRE PREMIER

> « Ma vie appartient à la France. »
> CARNOT.

1753-1789

NOLAY. — NAISSANCE DE CARNOT. — SA FAMILLE. — SES PRE-
MIÈRES ÉTUDES A NOLAY ET A AUTUN. — L'ÉLOGE DE VAU-
BAN. — MÉMOIRE SUR LES PLACES FORTES.

A la limite des départements de la Côte-d'Or et de
Saône-et-Loire, sur les bords de la Cusane, ruisseau
sorti d'une grotte profonde et tombé d'une cascade
mousseuse dans un cirque de grands rochers abrupts
et sauvages, entre de hautes collines, s'ouvre une des
plus jolies vallées de la Bourgogne. C'est là, sur la
route de Beaune à Autun, que se trouve, resserrée au
fond du vallon et entourée de coteaux de vignes, la
petite ville de Nolay où naquit Carnot.

Lazare-Nicolas-Marguerite Carnot, né à Nolay le
13 mai 1753, était le second fils et le troisième enfant
de Claude Carnot, avocat, notaire et juge, et de
Marguerite Pothier, fille d'un bourgeois de Nolay. Ils

eurent dix-huit enfants. Sept seulement leur ont survécu.

Tout enfant, Lazare était déjà fort sérieux, et souvent ses compatriotes, en passant sur la place publique, l'apercevaient sous les ombrages du jardin paternel, tête nue, cheveux au vent, se promenant un livre à la main. C'est encore de tradition à Nolay, et quand on le voyait ainsi, on ne manquait pas de dire: « Tiens, voilà *le gentil* qui apprend sa leçon.» Sa mère lui avait donné ce nom qui convenait bien à son doux et bon visage, à ses allures tranquilles et studieuses. A cette époque, et surtout dans les nombreuses familles, on avait l'habitude de donner des surnoms aux enfants. Le jeune Lazare, qui devait être un jour *le grand* Carnot, était, en attendant, *le gentil;* une de ses sœurs, l'aînée de la famille, s'appelait *Paponne* (petite poupée), et plus tard, s'étant consacrée au service des vieillards et des infirmes, dans la maison de charité de Nolay, les habitants lui décernèrent le titre de *Mère des pauvres,* qui fut gravé sur sa tombe; son plus jeune frère était *le Benjamin;* enfin, celui de ses frères qui le suivit dans la vie politique, et qui devait s'illustrer à ses côtés, s'appelait *Feulins,* en souvenir d'un bois de la famille qu'il affectionnait beaucoup.

Le jeune Carnot fit ses premières études dans la maison paternelle et au collège de Nolay. Son premier maître fut son père, homme grave et actif, à l'esprit cultivé, au jugement sûr, qui éleva sa nombreuse famille dans les principes les plus solides de vertu et d'honneur. On a de lui un portrait que peignit le général républicain Cartaux, à Nolay, en 1797, et que conservent pieusement ses descendants.

Ce portrait se trouve à Nolay, dans la chambre

même où naquit Carnot. C'est un robuste vieillard, coiffé du bonnet de laine brune des vieux Bourguignons; la lèvre est fine, l'œil vif, franc, le front large. La mère lui fait pendant : douce et mélancolique figure dans les barbes tuyautées de son bonnet blanc.

Arrivé à l'adolescence, Carnot fut envoyé au collège d'Autun. Les jésuites, dont la ville n'avait pas éu à se louer, venaient d'en être chassés, et l'évêque Marbeuf, prédécesseur du fameux Talleyrand, les avait remplacés par les oratoriens.

NOLAY.

Il quitta ce collège pour entrer au séminaire, où les sulpiciens donnaient un enseignement philosophique jouissant d'une certaine réputation. Il y termina ses études classiques et en sortit après avoir soutenu en public et avec éclat sa thèse de philosophie. Il avait alors seize ans.

Ses professeurs, fiers d'un si beau résultat, ne doutaient pas qu'il y eût dans ce petit bonhomme l'étoffe d'un futur évêque, ou tout au moins d'un bon curé de campagne.

Mais, il avait pour les mathématiques un goût bien

décidé, une véritable passion. Aussi, ses études classiques terminées, et voulant se fortifier dans les sciences exactes, il se rendit à Paris, où son compatriote, le duc d'Aumont, marquis de Nolay, le reçut avec empressement et devint pour quelque temps son protecteur.

Il suivit les cours d'une école préparatoire au génie, à l'artillerie et à la marine. Cette école, située au Marais, était dirigée par M. de Longpré, homme distingué qui entretenait des relations suivies et amicales avec d'Alembert. L'illustre savant venait souvent s'asseoir au milieu de l'école et prenait plaisir à interroger les élèves. Il remarqua l'intelligence précoce du jeune Carnot, et lui prédit les plus brillants succès.

Carnot eut aussi à cette époque, vers 1770, l'occasion de voir Jean-Jacques Rousseau. L'entrevue eut lieu d'une curieuse façon. Carnot lisait au collège avec avidité les écrits du philosophe et il avait formé, avec un de ses camarades, le projet d'aller le trouver chez lui, pour lui exprimer, de vive voix et bien en face, toute leur admiration. Au fond, c'était bien plutôt pour satisfaire leur curiosité. Quoi qu'il en soit, un jour de congé, voilà les deux amis en route pour la rue Plâtrière. Ils arrivent devant la boutique de l'épicier Venant, prennent le corridor et gravissent les quatre étages de la maison. C'est là que demeurait Jean-Jacques Rousseau. Mais, ce jour-là, le philosophe était malheureusement dans un de ses accès d'humeur noire, et il reçut ces jeunes enthousiastes d'un ton si bourru, qu'ils redescendirent précipitamment l'escalier, jurant bien qu'on ne les y reprendrait plus.

Son instruction préparatoire achevée, Carnot se présenta au corps du génie militaire de Mézières, où il fut admis le troisième de sa promotion, en 1771. Il avait moins de dix-huit ans. Il trouva, dans cette école d'élite, pour professeurs et pour amis, Charles Bossut, collaborateur de d'Alembert à l'*Encyclopédie*, et l'un de ses compatriotes, le fils d'un rémouleur de Beaune, un homme qui bientôt devait illustrer son nom roturier, Gaspard Monge.

En 1773, Carnot sortit de l'école de Mézières avec le grade de lieutenant, et fut envoyé en garnison à Calais. Il y fit venir son frère, Carnot-Feulins, qui avait aussi d'heureuses aptitudes pour les mathématiques ; il lui donna des leçons et réussit en moins d'une année à le mettre en état d'entrer comme lui dans le génie.

En 1783, nous le retrouvons à Arras. Il était alors capitaine. Il avait atteint le grade le plus élevé auquel il lui fût permis de prétendre sous la monarchie ; arrivé là, le manant, le roturier, le simple bourgeois, même de génie, devaient s'arrêter, marquer le pas et laisser passer l'aristocrate, même ignorant. Cet arrêt forcé donnait des loisirs. Carnot en profita pour se livrer à l'étude des lettres et fit partie de la *Société des Rosati*, sorte d'académie littéraire dont le président, en 1786, était un petit avocat du barreau d'Arras, Maximilien Robespierre. Carnot essaya de faire quelques pièces de poésie. *L'Almanach des Muses* les publia, mais ce n'était guère l'affaire d'un jeune officier du génie et d'un mathématicien ; aussi ne réussit-il guère. Cependant, quelques-unes de ces poésies furent remarquées et mises en musique par Romagnesi.

S'il n'était qu'à demi poète, il maniait du moins vigoureusement la prose. Il le prouva bien par son *Éloge de Vauban* que l'académie de Dijon couronna le 2 août 1784. L'*Éloge de Vauban* est le point de départ, la profession de foi, le *credo* de la vie politique de Carnot. Tout ce que son âme ardente contenait déjà d'indigna-

tion contre le despotisme et d'amour pour la liberté,
tout ce que son esprit pratique méditait déjà de réformes pour l'avenir de son pays, apparaît dans cet
ouvrage.

Enfin, dans cette étude sur Vauban, Carnot se présente hardiment comme l'avocat et le champion du
peuple contre la royauté et l'aristocratie égoïstes et
arrogantes. Son enthousiasme éclate pour Vauban, son

JEUNESSE DE CARNOT.

compatriote, qu'il se propose de prendre pour modèle,
quand il nous montre ce philanthrope, maréchal de
France et homme d'Etat, en disgrâce avec Louis XIV,
brouillé avec ce maître tout-puissant, ce roi-soleil
devant qui tout courbait la tête, pour avoir osé défendre « la cause abandonnée des peuples ».

Le frère du grand Frédéric, le prince Henri de
Prusse, assistait à cette séance de l'académie de Dijon,
le 2 août 1784, jour où fut lue cette étude. Etonné,

charmé de l'énergie et de la chaleur de cet ouvrage, il pressentit les talents futurs et les hautes destinées de celui qui en était l'auteur, et il offrit aussitôt au jeune capitaine un grade élevé dans l'armée de Prusse. Carnot lui répondit fièrement : « Ma vie appartient à la France. »

L'*Éloge de Vauban* valut à Carnot le titre de membre de l'académie de Dijon, le double prix des deux médailles d'or, et il reçut à cette occasion les félicitations d'un grand homme, l'un de ses plus illustres compatriotes, les compliments de Buffon.

Cette époque est pour Carnot le moment d'une activité intellectuelle considérable. En 1783, avant d'écrire l'*Éloge de Vauban*, qui le plaça d'emblée parmi les bons écrivains de son temps, il avait entrepris un *Essai sur les machines* qu'il compléta plus tard sous le titre d'*Équilibre et mouvement*. Ce travail scientifique, l'un des plus importants ouvrages qu'il ait publiés, fut très recherché, très apprécié des mathématiciens et traduit en plusieurs langues. On y trouve des théories qui étaient des nouveautés pour le temps. L'une d'elles a conservé le nom de *Théorème de Carnot*.

Les aérostats paraissent. L'invention merveilleuse des frères Montgolfier intéressa vivement Carnot et, dès le 17 janvier 1784, il écrivit à l'Académie des sciences. Il lui offrait ses services pour construire et conduire une machine à diriger les ballons. Il pensait dès cette époque, et il crut même toute sa vie, malgré tant d'expériences qu'il vit avorter, que le problème de la navigation aérienne n'était pas insoluble. Il proposa à l'Académie « un appareil de roues mues par un effet de systole et de diastole », c'est-à-dire de contraction et de dilatation « produit par la chaleur ».

C'est encore d'Arras qu'est datée la lettre que Carnot

adressa, à la veille de la Révolution, en août 1788, au ministre de Brienne, sous ce titre : *Mémoire sur l'utilité de maintenir toutes nos places fortes*. Il y fait voir comment il comprend la guerre.

« La guerre, dit-il, est par excellence l'art de conserver ; l'art de détruire en est l'abus. *Toute guerre juste, toute guerre qui mérite ce nom, est essentiellement défensive* et le droit du plus faible. Dans quelle affreuse désolation le royaume de France ne fut-il pas plongé toutes les fois qu'il voulut se livrer à la manie des conquêtes...

« Quel trouble dans toute l'Europe... et quels maux dans la France ne causa point la hauteur de Louis XIV !... »

Si la paix universelle est une utopie, il n'admet du moins que la guerre nécessaire, celle de la défense du pays, et il essaye d'atténuer les effets destructeurs des batailles. Il demande le maintien des places fortes, qu'il appelle « des monuments de paix », parce qu'elles permettent de réduire l'armée permanente et de laisser au travail la plus grande partie de ses forces en temps de paix et d'épargner la vie des hommes en temps de guerre.

Il désire la réduction du service militaire :

« Sans doute, dit-il, les soldats anciens sont précieux, « mais un soldat ancien est celui qui a fait la guerre. « Celui qui n'a fait que pirouetter sur une esplanade « pendant huit ans est aussi nouveau que celui qui « pirouette depuis six semaines ! »

Dans ce *Mémoire*, qui eut un retentissement considérable, Carnot, petit officier sans fortune et sans protection, ne craignait pas de prononcer de sévères paroles à l'adresse de Louis XIV, le grand roi, et de porter un jugement hardi sur les conquêtes et les conquérants, dans un temps où la parole n'était pas libre et où les sabreurs faisaient l'admiration du monde. Mais il n'était pas homme à déguiser sa pensée, et il rejetait même assez cavalièrement les idées reçues, combattant, avec une audace qui n'était pas sans péril, l'opinion de certains personnages, ses chefs hiérarchiques, tels que les Guibert, les Fourcroy, etc. Le général de Montalembert, quoique un peu du même avis, exigeait une réparation, une sorte de rétractation. Tout en l'assurant de son respect pour ses talents militaires, le capitaine répondit au général qu'il regrettait d'être sur certains points en opposition avec lui.

Un si beau langage se payait cher sous l'ancien régime. Décidément cette voix-là était trop franche et parlait trop haut, il fallait la faire taire. Pour cela, on prit le premier prétexte. Carnot quitta son poste, pour tirer l'épée contre un rival. On saisit avec empressement cette occasion pour sévir avec rigueur. Une lettre de cachet fut lancée contre lui. Il fut arrêté et *embastillé, sans jugement*, au château de Béthune. S'il ne passa pas le reste de ses jours dans cette prison, il le dut à la Révolution qui se préparait et aussi à un événement fortuit. En effet, à quelque temps de là, pendant un nouveau voyage en France, le prince Henri de Prusse, désirant visiter les forteresses de Vauban, s'adressa au ministre de la guerre pour en obtenir la permission. Le ministre de la guerre, M. de Puységur, s'empressa d'accéder au désir du prince et ne trouva pas de meilleur guide à lui donner que l'auteur de l'*Éloge de Vauban*, le capitaine du génie Carnot. C'est alors qu'apprenant qu'il était arbitrairement détenu, le ministre le fit sortir de son cachot.

Il en sortit comme un triomphateur. Les habitants de Béthune manifestèrent leur joie en lui faisant cortège et en illuminant leurs maisons. Le soir, il fut acclamé dans un banquet qu'on lui offrit.

Dans quelques mois le Pas-de-Calais enverra le courageux officier siéger à l'Assemblée nationale.

En attendant, et comme il avait coutume de le faire à chacun des congés qu'il obtenait, il vint à Nolay, à la réunion de famille qui avait lieu une fois l'an. Un soir, à la fin de l'année 1788, les six fils et la fille de Claude Carnot se trouvèrent réunis. Cette année-là, la **mère** était morte et on la pleurait. Déjà on sentait approcher l'orage révolutionnaire dont on entendait comme les premiers grondements. De vagues pressentiments planaient sur les âmes. L'heure était solennelle, et ce soir-là, le père Claude embrassa ses enfants avec une émotion plus profonde que de coutume. Le lendemain ils se dispersèrent. Parmi eux, plus d'un ne devait pas le revoir. Carnot s'achemina avec son frère Feulins, capitaine du génie comme lui, sur la route de Picardie et rentra dans sa garnison de Béthune.

Enfin, la Révolution qui grondait sourdement vient d'éclater. La nation s'est levée pour proclamer les droits de l'homme. L'heure de la liberté vient de sonner. Le moment est venu aussi pour Carnot, il va sauver la France et la République. C'est alors qu'il se montre tout entier, c'est alors qu'il est grand. Bientôt nous le verrons, avec l'indomptable Convention, à côté de Marceau, de Kléber, de Hoche, de Jourdan, ces invincibles généraux de la Révolution, lutter, dans un acharnement héroïque, contre les rois coalisés, repousser l'invasion et délivrer enfin le sol sacré de la patrie.

CHAPITRE II

1789-1792

La Révolution. — Carnot a l'Assemblée législative. — Manifeste de Brunswick. — Le 10 aout. — Guerre contre la Prusse. — Carnot a l'armée du Rhin. — Départ des volontaires de 92.

On pourrait croire que les injustices du bon plaisir dont Carnot avait été victime, les ovations chaleureuses que lui fit la population civile pendant son séjour à Béthune, la captivité qu'il y subit, ont suffi pour le jeter dans les rangs déjà nombreux des ennemis de la cour. Ce serait une erreur. Nourri de l'histoire des Grecs et des Romains, les exemples de l'antiquité, ses fortes études, son origine et son éducation plébéiennes, son admiration pour J.-J. Rousseau et surtout pour Washington, le libérateur de l'Amérique, avaient depuis longtemps trempé son âme, affermi son cœur. Tout imprégné de l'esprit nouveau, il était né libre, il était déjà républicain.

Souffrant plus des misères qu'il voyait autour de lui que des humiliations qu'il avait subies, il écrivit le 28 septembre 1789 à l'Assemblée nationale pour lui exposer « le régime oppressif sous lequel était gouverné le corps du génie ». Sans se plaindre lui-même, il fait un tableau saisissant des souffrances que supportent les troupes et les officiers de grades inférieurs et appelle sur leurs maux l'attention des représentants de la nation. Lui-même avait été persécuté ; il ne le laissa pas supposer, et plus tard, parvenu au sommet de la puissance militaire, membre du Comité révolutionnaire, il se vengera de ses anciens persécuteurs en sauvant leurs têtes du couteau de la guillotine.

Nous avons laissé Carnot à Béthune en 1788. Quelque temps après, il se maria à Saint-Omer. Voici dans quelles circonstances :

En 1790, Carnot-Feulins était en garnison à Saint-Omer, où il avait épousé l'une des trois filles d'un honorable habitant de cette ville, ancien directeur des établissements de l'Ost-Frise pendant la guerre de Sept ans, lorsque Carnot l'aîné fit à Béthune une chute assez grave dans laquelle il se blessa à la jambe. Feulins se hâta de faire transporter son frère dans la maison de son beau-père, où il habitait lui-même. La sœur aînée de sa jeune femme s'assit au chevet du malade. Elle eut envers lui les attentions les plus délicates, et pour le distraire, elle s'efforçait de lui tenir tête aux échecs, ou bien, étant excellente musicienne, et Carnot quelque peu poète, elle mettait en musique et chantait au clavecin les couplets qu'il rimait pour elle. Le mariage suivit la guérison. Carnot épousa mademoiselle Sophie Dupont, le 17 mai 1791.

Sur ces entrefaites, se déroulaient les événements qui ont provoqué et commencé la Révolution française, la plus terrible et la plus féconde qui ait jamais agité l'humanité.

Ces faits mémorables sont marqués en traits ineffaçables dans toutes les mémoires. Du reste, nous n'avons pas à les raconter. Tout le monde sait avec quelle force irrésistible les États généraux et la première Assemblée nationale renversèrent les derniers vestiges de la féodalité, malgré le roi, les princes et les grands.

Le 30 septembre 1791, à l'ouverture des séances de l'Assemblée législative, on pouvait voir, parmi les députés, les deux frères Carnot, Lazare et Feulins, tous deux élus par leurs villes de garnison, l'un par Béthune et l'autre par Saint-Omer.

Ils s'assirent tous les deux sur les bancs de la gauche. Ils s'inscrivirent au club des Jacobins, mais ils n'y parurent guère.

Carnot l'aîné ne s'y rendit même qu'une seule fois. Les discussions des clubs, orageuses, violentes, souvent oiseuses, répugnaient à ses habitudes de travail, à son caractère calme et méditatif. « Comme Cambon et d'autres, dit Michelet, il ne put jamais surmonter sa répugnance pour les Jacobins, à cause de la violence des uns et de l'hypocrisie des autres. Il y avait à l'entrée de la caverne une odeur de sang, et pourtant fade et mielleuse, que beaucoup ne supportaient pas! »

Carnot montra, en même temps que son éloignement pour tout esprit de secte, l'attachement sincère qu'il avait voué aux principes de la Révolution.

Son premier discours est une violente attaque contre la cour, dont les agissements tendaient à exaspérer la nation. Il se terminait ainsi :

« La nation est là qui veut la liberté, qui veut l'éga-
« lité, qui veut la Constitution tout entière. Elle ne souf-
« frira pas que, ni par le fait des armes, ni par les
« voies obliques d'une politique tortueuse, un seul mot
« en soit effacé! »

Et comme le frère du roi, Monsieur, comte de Provence, plus tard Louis XVIII, et comme le frère du roi, Charles-Philippe, comte d'Artois, plus tard Charles X, ont émigré et sont à Coblentz implorant l'intervention étrangère, la coalition des rois contre la France, l'indignation monte au front de Carnot, il s'élance à la tribune, et, d'une voix puissante, il les flétrit par cette apostrophe, stridente comme un coup de fouet :

« Quiconque abandonne la mère patrie pour aller
« lui chercher des ennemis à l'étranger est un traître...
« Les princes sont dans ce cas. Ils ont perdu le beau
« nom de Français, dont ils devraient plus que jamais
« s'honorer aujourd'hui... Les princes de la maison
« de France, les frères du roi, les cousins du roi sont
« des traîtres, mettez-les en accusation !... »

Quelques jours après, des officiers étant accusés d'avoir voulu livrer la forteresse de Perpignan à l'ennemi, Carnot proposa de raser la citadelle de cette ville, ouvrage inutile pour la défense et qui pouvait servir, entre les mains d'un pouvoir rebelle, à l'oppression des habitants.

« Oui, s'écria-t-il, certaines forteresses sont plutôt
« dressées contre les citoyens que pour leur défense ! »

L'Assemblée murmurait. Il reprit : « Je n'aurais ja-
« mais cru qu'en proposant à des Français de 1792 la
« destruction d'une bastille, je fusse aussi mal accueilli.
« Il y a vingt et un ans que je fais le service militaire
« dans le génie ; je ne parle point en aveugle. Si j'ai
« apporté un sentiment dans cette Assemblée, c'est
« surtout pour l'amour de la liberté et la haine des
« tyrans... Je demande la destruction de toutes les bas-
« tilles du royaume ! »

Au commencement de cette année 1792 qui allait voir la levée des volontaires, la victoire de Valmy, la chute de la monarchie et la proclamation de la République, Carnot est plongé dans un travail incessant au comité d'instruction publique, au comité diplomatique, au comité militaire enfin, où il prend dès le premier jour une autorité prépondérante.

Cependant, tandis que la France nouvelle, animée de généreuses passions, tendait une main pacifique à tous les peuples en les conviant à la liberté et à la fraternité universelles, les princes et les nobles émigrés conspiraient à Coblentz et soulevaient les monarchies d'Europe contre nos libertés naissantes. Le roi s'était enfui et avait tenté de passer à l'ennemi. Merlin de Thionville s'écrie : « Votons la guerre aux rois et la paix aux nations. » Le 20 avril 1792, l'Assemblée déclare par acclamation la guerre à l'empereur d'Autriche. Il y a quelque chose de plus grand peut-être que ces belles paroles, de plus grand que cet enthousiasme de tout un peuple, c'est le silence de Carnot. « Celui qui devait con-
« duire la guerre avec une incomparable supériorité, dit
« M. Depasse, dans une étude sur Carnot, la vota mal-
« gré lui, comme un strict et rigoureux devoir. Quoi
« de plus sublime ! Quoi de plus nouveau ! Avoir en
« même temps le génie et la haine des batailles, se
« sentir capable de vaincre, et décréter le combat sans
« aucune préoccupation de gloire personnelle, froide-
« ment, silencieusement, dans le but unique d'assurer
« la paix et la liberté du monde, n'est-ce pas à ces
« traits qu'il faut reconnaître le soldat de la civilisa-
« tion ? »

Les rois jetaient le gant à la France. Elle venait de le relever. Elle allait pendant vingt ans, dans une course de géant, parcourir, victorieuse, les États et les capitales de ses ennemis terrifiés.

Dumouriez se préparait à envahir les provinces belges qui appartenaient à l'Autriche. Le début de cette lutte fut une défaite. Accusés de trahison par leurs troupes, le général Dillon et le colonel Bertois, sur la route de Tournai, sont massacrés par leurs soldats. C'est Carnot qui fut chargé de l'enquête sur cette malheureuse panique. Il s'en acquitta avec autant de tact que de patriotisme. Il rassura les troupes, releva leur énergie morale, défendit les victimes devant l'Assemblée, fit réhabiliter leur mémoire, et obtint une pension pour leurs familles (28 et 29 avril — mai-juin 1792).

Mais la Prusse vient de s'unir à l'Autriche et, avant de passer la frontière, Brunswick, généralissime de la coalition, a lancé son manifeste sauvage. Il menace de mettre à mort tout habitant qui osera se défendre, de passer par les armes l'Assemblée, de réduire Paris en poussière, si la France ne demande pas grâce au roi. Le peuple répond à cette insolence par la journée du 10 août, envahit les Tuileries, renverse la monarchie, enferme Louis XVI et sa famille dans la prison du Temple.

Carnot, au plus fort de la bataille des Tuileries, est envoyé par l'Assemblée pour calmer les fureurs populaires. Il est menacé de mort. Quelqu'un le reconnaît, et aussitôt les bravos retentissent et le danger se change pour lui en ovation et en triomphe.

Pendant que ces événements se passaient à Paris, les Autrichiens et les Prussiens franchissaient la frontière, Verdun et Longwy ouvraient leurs portes et l'invasion s'étendait en Lorraine et en Champagne sans rencontrer de résistance. Le drapeau noir flotte sur l'Hôtel de ville. La patrie est en danger. Le tocsin pleure, la générale retentit, les volontaires s'enrôlent, courent à l'ennemi. Carnot se multiplie, travaille jour et nuit, fait rapports sur rapports, équipe les régiments, distribue vivres, poudre, fusils : « Les gouverne-

» « ments qui nous entourent, s'écrie-t-il à la tribune,
» « veulent tous notre destruction. Nous n'avons plus
» « qu'une politique à suivre, c'est d'être les plus forts.
» « Qu'y a-t-il d'impossible à vingt-cinq millions
» « d'hommes libres qui ont juré de ne plus redevenir
» « esclaves ? »

Du premier choc va dépendre le salut de la France.
Notre armée est jeune, elle est brave, elle est animée
par l'espérance et l'amour de la liberté ; mais ses chefs

DÉPART DES VOLONTAIRES.

manquent de vigueur. C'est pourquoi l'Assemblée
envoie aussitôt aux armées des commissaires avec des
pouvoirs illimités, investis du droit de remplacer et
arrêter tous fonctionnaires civils et militaires. Les trois
premiers commissaires à l'armée du Rhin sont Coustard,
Prieur et Carnot.

Nommés dans la nuit même du 10 août, ils partent
dès le lendemain, arrivent en Alsace et destituent

immédiatement les officiers royalistes et trop peu énergiques, les de Broglie, les d'Aiguillon, etc.

Rouget de Lisle, alors capitaine, refusait aussi de reconnaître l'autorité de l'Assemblée souveraine. Carnot passa en revue à Huningue le régiment du génie dans lequel il servait et fit à plusieurs reprises appel à son patriotisme. « Capitaine, lui dit-il, nous forcerez-vous donc à destituer pour cause d'incivisme l'auteur de la *Marseillaise ?* » Et il donna à la musique du régiment l'ordre de jouer cet hymne nouveau et déjà célèbre. Rouget de Lisle, persistant dans son inconcevable entêtement d'insoumission, demeurait impassible. Il fut révoqué.

Quelques jours après, les trois commissaires firent leur entrée à Strasbourg, au milieu d'une population remplie d'enthousiasme. Les patriotes criaient : Vive la liberté ! vive la nation ! les femmes jetaient des fleurs.

Mais la municipalité, composée de royalistes et de traîtres, avait résolu de s'emparer des commissaires et de livrer la place aux Autrichiens.

Sur-le-champ, Carnot, qui venait d'apprendre cet odieux complot, fit convoquer le conseil de Strasbourg dans la grande salle de l'Hôtel de ville, et là, prenant la parole d'un ton sec et impérieux : « Nous sommes instruits, dit-il, que l'ordre d'arrêter les représentants de l'Assemblée nationale, à leur entrée dans Strasbourg, a été signé par un certain nombre de personnes appartenant au conseil municipal. Secrétaire, faites connaître cet ordre et les noms de ses auteurs. » Cette lecture achevée, Carnot ajouta : « Au nom de la nation, les signataires de cet ordre sont et demeurent destitués. Les autres membres du conseil sont chargés de procéder immédiatement à leur remplacement. »

Dietrich, le maire, fut appelé à la barre de l'Assemblée nationale.

La vigueur de Carnot dans cette rapide exécution venait de sauver les représentants de l'Assemblée et l'honneur de Strasbourg.

Peu de temps après, il eut encore occasion de montrer sa prévoyance et la sûreté de son jugement. Le ministre de la guerre avait donné l'ordre d'attaquer le passage de Pierre-Pertuis, sur le territoire suisse. C'eût été un acte de violence contre un petit peuple sans défense et qui fût, du reste, demeuré sans grands résultats. Les commissaires hésitaient. Carnot fit suspendre l'exécution. Les députés de la république de Bienne vinrent, en reconnaissance de ce fait, remercier les représentants et assurer à la France, en retour de sa modération, la fidélité et l'alliance des cantons suisses. Carnot en informa l'Assemblée. Elle blâma le ministre qui avait ordonné l'attaque et approuva les commissaires qui l'avaient empêchée.

A force de prudence et de fermeté, Carnot et ses collègues avaient rétabli l'ordre à Strasbourg et préparé la défense du Rhin. Sa mission terminée, il revint à Paris en passant par Dijon. Cette ville lui fit une brillante réception. Le nom de Carnot était déjà populaire.

A peine revenu à Paris, l'Assemblée l'envoya à Châlons. Malgré ses fatigues, sans prendre un moment de repos, il court au camp de Châlons pour équiper, instruire et encourager de ses patriotiques discours les volontaires, ces volontaires de 92, qui n'étaient, au dire des émigrés, qu'une cohue de savetiers et qui resteront tout un jour sous les boulets prussiens, ces jeunes conscrits de la Révolution qui seront bientôt les immortels vainqueurs de Valmy.

CHAPITRE III

LA CONVENTION. — PROCLAMATION DE LA RÉPUBLIQUE. — MISSION DE CARNOT AUX PYRÉNÉES. — MORT DE LOUIS XVI. — « *Rapport diplomatique sur les annexions.* » — TRAHISON DE DUMOURIEZ. — CARNOT A LA BATAILLE DE FURNES. — CONSTITUTION DE 93. — « DÉCLARATION DES DROITS DU CITOYEN. »

Après la fuite du roi et son retour de Varennes, après la journée du 10 août et la chute de la monarchie, l'Assemblée législative s'était dissoute. La Convention la remplace, et la voilà réunie. On apprend la victoire de Valmy, et aux grondements des salves de canon qui annoncent la première victoire de la Révolution, la Convention, debout et frémissante, ouvre sa première séance en proclamant la République.

C'était le 21 septembre 1792.

Dès le surlendemain, 23 septembre, la Convention envoya Carnot, avec cinq autres de ses membres, à la frontière des Pyrénées pour l'organiser militairement et y faire connaître le grand changement qui venait de s'accomplir dans les destinées de la France.

Carnot partit pour Bayonne avec Lamarque et Garrau de Sainte-Foy. Au moment où ils arrivèrent, les frontières n'étaient gardées que par une poignée de soldats en haillons, sans artillerie, sans munitions, sans vivres.

En quelques semaines, l'activité des représentants du peuple vainquit toutes les difficultés. Des compagnies de *chasseurs des Pyrénées* étaient créées pour les opposer aux *guérillas* espagnoles; les forts, les hôpitaux, les places fortes, les chemins étaient réparés, réorganisés, les troupes étaient augmentées, bien armées, bien vêtues et bien nourries. Carnot se distingua entre tous par sa prévoyance, sa bonté, sa sollicitude bienveillante. Il mit la main à tout. Armements, tribunaux, instruction publique, industrie, agriculture, tout lui semblait familier. L'ardeur de son patriotisme le soutint dans cette lourde tâche, qu'il dirigea avec habileté.

Au retour, il fut chargé de lire à la Convention un compte rendu sur cette mission. Ce rapport est l'image frappante de sa sollicitude pour les choses militaires et de son zèle pour le bien-être du peuple. Sur les impôts, sur toutes les branches de l'activité nationale, il expose des théories lumineuses et propose des réformes profondes et pratiques.

La mission de Carnot sur le Rhin avait fait connaître son énergie et la justesse de son coup d'œil, celle des Pyrénées acheva de mettre en relief ses qualités d'organisateur, et au retour, il eut la joie intime de se dire qu'en rendant de grands services, il avait mérité l'estime de ses concitoyens. Ses collègues dès lors auront souvent les regards sur lui.

Il revint à la Convention le 9 janvier 1793. Les débats du procès de Louis XVI venaient de commencer.

Le roi, accusé d'avoir trahi la France et ses serments, d'avoir appelé l'ennemi sur le sol de la patrie, allait être jugé par le peuple représenté par la Convention, c'est-à-dire par sept cent cinquante citoyens, ses délégués. L'Assemblée législative, après le 10 août, en invitant la nation à statuer sur le sort du prince déchu et en publiant les dossiers trouvés dans les bureaux de la liste civile, « avait fait acte de jury d'accusation. » Les adresses de 28,000 communes demandaient la peine capitale et soutenaient l'accusation. La Convention, en traduisant Louis XVI à sa barre, faisait acte de jury de jugement.

Chaque député émit son vote à la tribune et à haute voix. Carnot y monta à son tour, calme et grave. « Dans mon opinion, dit-il, la *Justice* veut que Louis meure et la politique le veut également. Jamais devoir ne pesa davantage sur mon cœur que celui qui m'est imposé ; mais, je pense que pour prouver votre attachement aux lois de l'égalité, pour prouver que les ambitieux ne vous effrayent pas, vous devez frapper de mort le tyran. »

Pour ce soldat, pour ce patriote, l'appel à l'étranger, alors que la nation tout entière luttait pour son indépendance, c'était le plus grand des crimes et, à ses yeux, la mort seule pouvait expier un tel forfait.

Trente ans après, à la fin de sa carrière, au déclin de la vie, ayant formé son cœur à la rude école du malheur et de l'exil, n'ayant plus rien à craindre ni à espérer des hommes, Carnot, revenant sur cette tragique époque, confirma hautement son jugement par ces mots, qu'il traça de sa main :

« En tous pays on condamne ceux qui conspirent contre l'État. Les souverains ne font-ils pas mettre à mort ceux qui conspirent contre eux ? Le peuple, le vrai souverain, n'aurait-il pas le même droit ?

« Le manifeste de Brunswick a été l'arrêt de mort de Louis XVI.

« Les choses en étaient venues à ce point qu'il fallait nécessairement que le roi pérît ou la Convention et la France avec elle.

« Le meilleur a payé pour les méchants ; mais,
Louis XVI a commis le plus grand crime dont un
roi puisse se rendre coupable, celui de livrer son
pays à l'étranger.

« La Convention délibérait sous les poignards. »

Ces derniers mots signifient-ils que la grande et
terrible Assemblée, si formidable et si énergique, ait eu
peur ? Non. « La peur et la Convention ! dit Lakanal,
jamais on n'associera ces deux mots. » Carnot entend par
là que « l'absolution de celui qu'on accusait des dan-

TRAHISON DE DUMOURIEZ.

gers de la patrie provoquerait une explosion et des
vengeances où pourrait s'abîmer la République. »
(H. Carnot, *Mémoires*, p. 294.)

Lui, soldat, considérait la Convention comme un
conseil de guerre jugeant un chef d'armée convaincu
de trahison. Du reste, Carnot n'a pas besoin d'excuses ;
en chercher serait lui faire injure. En appliquant la
peine au crime, il accomplissait son devoir, devoir
rigoureux, devoir pénible, s'écria-t-il, mais devoir
impérieux... *dura lex, sed lex!*

Malgré cette sombre journée du 21 janvier qui avait vu sur l'échafaud tomber la tête du roi de France, la jeune République française avait été saluée et acclamée avec transport. Tous les peuples voyaient en elle la bienfaitrice qui allait les rendre à la liberté. Les habitants du Palatinat appelaient Custine comme un libérateur et les Autrichiens s'étaient enfuis. Spire, Worms, Mayence, Francfort ouvraient leurs portes. Montesquiou sur la frontière de Savoie disait : « Au nom de la nation française, guerre aux despotes, paix et liberté aux peuples ! » Et devant ces simples mots, les Piémontais reculaient et les Savoyards sur le sommet des Alpes plantaient le drapeau tricolore. Anselme, sans tirer un coup de fusil, était maître du comté de Nice, et la citadelle imprenable de Villefranche se rendait à quatorze dragons. Partout où la France déployait son drapeau, elle proclamait l'indépendance des nations et la souveraineté du peuple.

Tous les pays voisins demandaient leur annexion à la France. Mais, la République n'était animée que d'un esprit de fraternité. Carnot, au nom du Comité diplomatique, présenta à la Convention un avis conforme à ce principe, sur les demandes d'annexions qu'avaient formulées le Hainaut belge, Bruxelles, Florennes, Tournai, Louvain, Ostende, Monaco.

Ce discours mériterait d'être rapporté en entier, parce qu'il montre admirablement comment les hommes de la Révolution comprenaient et respectaient la liberté et les droits des peuples.

« Aucune augmentation, réunion, diminution ou mutation quelconque de territoire ne peut avoir lieu dans l'étendue de la République sans qu'il soit reconnu : 1° que cette mutation n'a rien de contraire aux intérêts de l'Etat ; 2° que les communes l'ont demandée par l'émission d'un vœu libre et formel... Puisque la souveraineté appartient à tous les peuples, il ne peut y avoir de communauté ou de réunion entre eux qu'en vertu d'une transaction formelle et libre ; *aucun d'eux n'a le droit d'assujettir l'autre* à des lois communes sans son exprès consentement...

« Nous, Français, nous ne reconnaissons de souverains que les peuples eux-mêmes ; notre système n'est point la domination, c'est la fraternité ; il n'y a pour nous ni princes, ni rois, ni maîtres quelconques ; nous ne voyons sur la surface du globe que des êtres égaux en droits... »

Carnot proposa la réunion à la France des différentes provinces étrangères qui l'avaient demandée « *par un libre vote* ».

Mais, si les peuples accueillaient avec une vive sympathie la Révolution, elle était l'objet de la haine implacable des rois.

La Convention, déjà en guerre avec l'Autriche, était forcée de lutter encore contre l'Angleterre, la Hollande et l'Espagne. La République avait presque toute l'Europe à combattre, et la Vendée s'insurgeait, et Dumouriez allait trahir. Lui, Dumouriez, le vainqueur de Valmy et de Jemmapes, le général en chef de l'armée du Nord, qui par ses belles victoires venait de sauver la France d'une première invasion, il voulait maintenant livrer nos places fortes à l'ennemi, marcher sur Paris et disperser les représentants de la nation dont il refusait de reconnaître les lois. La Convention, qui connaissait le dédain que Dumouriez avait pour elle et qui soupçonnait ses criminels projets, envoya Carnot dans le Nord avec mission de le surveiller. Carnot partit. Arrivé à Lille, il donna ordre au général de paraître devant lui pour expliquer sa conduite. Dumouriez ré-

pondit qu'il vînt lui-même l'interroger, et que se battre
et plaider, c'était trop à la fois. La Convention, préve-
nue de cette insulte à son délégué, confie à Beurnon-
ville, ministre de la guerre, et à cinq de ses membres,
Carnot, Camus, Lamarque, Bancel et Quinette, le décret qui sommait le rebelle de comparaître à sa barre,
avec ordre de l'arrêter. Dumouriez, au lieu d'obéir,
livra les commissaires à l'ennemi. Il voulut entraîner
son armée, mais elle resta incorruptible. Enfin, menacé
de mort par ses propres soldats, Dumouriez « se sauve

BATAILLE DE FURNES

dans le camp autrichien et disparaît de l'histoire ».
(Michelet.)

Le ministre de la guerre et quatre commissaires,
victimes de cette trahison, étaient prisonniers des Autrichiens. Carnot échappa seul. Il était à Arras quand
il reçut de la Convention l'ordre de rejoindre ses collègues. C'est à Douai qu'il apprit l'infâme conduite de
Dumouriez. Il en informa la Convention et la tint au
courant des effets qu'elle produisit, avec le déchirement
de cœur d'un patriote indigné.

« Cette nouvelle trame, lui écrivait-il le 6 avril,

n'aura servi, nous l'espérons, qu'à l'humiliation des traîtres, et la République en aura tiré le plus grand de tous les avantages, si cet événement peut enfin guérir les Français de leur idolâtrie pour les individus et du besoin d'admirer sans cesse. »

L'armée du Nord, abandonnée de son général en chef, lâchement trahie, se repliait en désordre sur Condé et Valenciennes. Les Autrichiens à sa poursuite venaient de franchir la frontière. Un boulet avait emporté le brave général Dampierre. L'armée, décimée et vaincue, battait en retraite. La route de Paris était ouverte et la République menacée d'un irréparable désastre, quand tout à coup un représentant du peuple se présente devant les bataillons en déroute et les arrête : c'était Carnot. Dans une chaleureuse proclamation, il adjure tout citoyen et tout soldat français de rester fidèles au drapeau national, à ce drapeau tricolore, étendard de la Révolution, qui les a déjà conduits à Valmy et à Jemmapes.

Puis, sans perdre une minute, il remet l'armée sur pied, raffermit le courage de ces jeunes soldats, fortifie Dunkerque, établit des camps retranchés sur toute la frontière, de Lille à la mer, ferme les forteresses, ouvre les écluses et attend de pied ferme Autrichiens, Anglais et émigrés.

Enfin, prenant tout à coup l'offensive, il repousse vigoureusement l'ennemi, secoue l'indécision du général O'Moran, attaque Furnes avec lui et entre dans la place avec Duquesnoy, Richardot et son frère, Carnot-Feulins, commandant du génie.

L'énergie, la science et le sang-froid de Carnot venaient une première fois de sauver la République.

Et voici avec quelle simplicité et quelle modestie il l'annonce à la Convention :

« Nous partîmes de Bergues à la tête de la colonne qui venait de Cassel... L'attaque fut des plus vigoureuses (31 mai), et après deux heures d'un feu très vif, la place fut emportée par la colonne où nous étions avec Carnot le jeune, commissaire du Conseil exécutif. Toutes les troupes montrèrent dans cette action un courage et une docilité dignes des plus grands éloges... »

Mais Carnot ne dit pas qu'il avait fait marcher O'Moran, qu'au plus fort de l'action, alors que sa colonne pliait, il était descendu de cheval avec Duquesnoy, et que tous les deux, se plaçant dans les rangs, s'étaient battus comme de simples soldats, faisant le coup de feu et entrant dans la place parmi les premiers.

O'Moran ne sut pas profiter de cette victoire. L'ennemi n'était que repoussé et prêt à faire un retour offensif.

Carnot devina si bien la tactique que les Autrichiens allaient suivre pour marcher sur Paris, qu'il en prévint la Convention en termes précis ; puis il alla trouver Custine, campé entre l'Escaut et la Sambre, et le somma de lancer son armée sur Valenciennes, pour barrer solidement la route. Custine] ne bougea pas et Valenciennes fut pris.

A cette nouvelle, que lui envoya un représentant en mission, Carnot répondit :

« Je suis abasourdi, mon cher collègue, par l'affreuse « nouvelle que vous me donnez. Quels sont donc les « lâches qui ont défendu cette place et à quels hommes, « grand Dieu, sommes-nous donc livrés ? Non, quoi que « vous me disiez, je ne puis y croire... Je n'y crois « pas... Je ne puis vous exprimer ma douleur !... »

Si O'Moran avait su profiter de la victoire de Furnes,

s'il avait pris Ostende et si Custine avait débloqué Valenciennes, comme le voulait Carnot, cette campagne n'eût pas été perdue et les grands efforts d'Hondschoote et de Wattignies n'eussent pas été nécessaires pour dégager la frontière du nord.

Cependant, lorsque O'Moran et Custine comparurent devant le tribunal révolutionnaire, Carnot ne se fit pas leur accusateur.

Tandis que ces événements se passaient en Flandre, la Convention votait la Constitution de 93. Elle ne devait être exécutée qu'à la paix ; jusque-là, le gouvernement devait rester révolutionnaire. A cette occasion, Carnot, qui menait de front ses devoirs de commissaire aux armées et de représentant du peuple à la Convention nationale, avait rédigé un projet de « *Déclaration des droits du citoyen* » où se trouvent, brièvement résumés, les principes républicains :

« Le peuple doit se réserver les moyens certains et « insurpables de changer son organisation et de ré- « voquer les pouvoirs qu'il a délégués.

« La société a le droit d'établir un mode d'*éducation* « *nationale* propre à prévenir les maux que pourraient « lui causer l'ignorance et la corruption des mœurs.

« La loi doit être l'expression de la volonté générale.

« Les droits de la cité dominent ceux du citoyen.

« La souveraineté appartient au peuple entier.

« Le salut du peuple est la loi suprême. »

CHAPITRE IV

1793

HONDSCHOOTE ET WATTIGNIES

Les victoires de Valmy et de Jemmapes avaient sauvé la France de l'invasion prussienne et de l'invasion autrichienne en 92, mais Dumouriez avait perdu la Belgique à Neerwinden, il avait été vaincu, il avait trahi son pays. Son armée, malgré la vigoureuse impulsion de Carnot, malgré ses succès à Furnes, était trop faible, trop mal commandée et trop découragée pour résister longtemps au flot toujours grandissant de l'ennemi.

Une organisation incomplète et précipitée, le défaut d'ensemble et le manque d'unité dans le commandement avaient fait perdre les fruits de nos premiers succès, et en ce moment, en juillet-août 93, la France courait des périls imminents, immenses, tels qu'aucune génération d'hommes n'en vit jamais.

Le Nord est envahi, l'ennemi à trente lieues de Paris, soixante-quinze départements sont rebelles à la Convention ; la Vendée, l'Anjou, la Bretagne, le Poitou sont insurgés ; cent mille *chouans* occupent la Loire, de Saumur à Nantes ; trente mille paysans prennent les armes dans la Lozère et les Cévennes ; la Corse est soulevée ; Bordeaux, Toulouse, Caen, Lyon, Marseille, Toulon se révoltent ; Dunkerque, Maubeuge, Valenciennes, Condé, Mayence sont assiégés ; Wissembourg, Landau, Strasbourg sont menacés. De la mer du Nord au Rhin, du Rhin à la Méditerranée, des Pyrénées à l'Océan, l'Europe est debout, en armes. Émigrés, Anglais, Hollandais, Autrichiens, Prussiens, Piémontais, Espagnols couvrent nos frontières de feu et de mitraille. La France paraît sur le point de se dissoudre, de tomber en lambeaux. Un cri lugubre retentit et bondit d'un bout à l'autre de notre territoire : « Citoyens, aux armes !... La patrie est en danger ! »

Sur le bord de l'abîme, la Convention, calme, impassible, décrète qu' « elle ne traitera avec l'ennemi que lorsqu'il aura repassé la frontière » ; puis, elle nomme un *Comité de salut public* chargé de prendre des mesures énergiques, impitoyables, foudroyantes.

« C'est à coups de canon, crie Danton, qu'il faut signifier la Constitution à nos ennemis... C'est l'instant de faire ce grand et dernier serment que nous nous vouons tous à la mort ou que nous anéantirons les tyrans. — Nous le jurons, oui, nous le jurons! » s'écrient les conventionnels avec le peuple des tribunes, jetant par leurs gestes et leurs clameurs un formidable défi aux rois conjurés.

Carnot proposa la suppression des ministres devenus inutiles dans la tempête révolutionnaire ; la Convention les abolit et envoya par décret Carnot, Prieur et Robert Lindet à la section de la guerre, au Comité de Salut public. Lindet fut chargé des subsistances, Prieur de la fabrication des armes, Carnot du personnel, des plans, du mouvement des armées. Dès lors, la France entière est en état de siège, la Constitution sans exis-

tence réelle, la Révolution en permanence, et le général qui sans cesse livrera des batailles et sans cesse
remportera des victoires, ce n'est pas un homme, mais
un groupe, un faisceau de trois hommes. Soutenus par
la Convention, admirablement servis par des soldats
incomparables, ils vont lancer la foudre sur tous les
ennemis de la République, et l'âme de cette lutte de
géants, — celui qui prend en mains les destinées de la
patrie et joue sa tête dans cette écrasante et héroïque
entreprise, — c'est un simple capitaine, c'est Carnot.

C'est ici que se déploie son génie, c'est ici qu'il se
dresse de toute sa hauteur. Il rejette l'ancienne stratégie trop lente, trop lourde, et invente une tactique
nouvelle, excellente à ce moment, l'attaque par masses, la guerre à la Danton, *par l'audace*, le combat
révolutionnaire qui fond sur l'ennemi à la baïonnette,
au chant de la *Marseillaise*. « Il faut, disent au Comité
« de défense Carnot et Grimoard, faire une guerre de
« masses, c'est-à-dire diriger toujours, sur tous les
« points d'attaque, la plus grande quantité possible
« d'hommes et d'artillerie; mais *l'offensive est pour nous*
« *une nécessité impérieuse* dans tous les cas. Il faut
« imposer aux généraux le devoir sacré de toujours
« combattre en tête des colonnes pour donner aux
« soldats l'exemple du courage et du mépris de la
« mort, et habituer les uns et les autres à ne jamais
« compter le nombre de leurs ennemis, mais à les atta-
« quer impétueusement à la baïonnette sans songer ni
« à tirailler, ni à faire des manœuvres auxquelles les
« troupes françaises ne sont ni exercées, ni préparées.

« Cette manière de faire la guerre est conforme à
« l'esprit, aux habitudes et à l'élan français, et elle
« doit nous assurer la victoire, ne fût-ce que parce
« qu'elle jette le désarroi dans les armées ennemies. »

Carnot devait bientôt, payant de sa personne, donner lui-même l'exemple et appliquer à la lettre, sur le champ de bataille, cette tactique découverte par son génie, et qui, grâce à la bravoure des généraux et des soldats, allait bientt sauver la patrie et nous donner ces victoires de la Révolution dont le nom retentira éternellement dans l'histoire.

CARNOT MONTANT A L'ASSAUT A WATTIGNIES.

Partout on se préparait à une résistance acharnée.

Le 23 août, la Convention décrète *la levée en masse*, « la réquisition permanente de tous les Français pour le service des armées, jusqu'au jour où les ennemis auront été chassés du territoire de la République ».

Aujourd'hui encore, à quatre-vingt-dix ans de distance, nous, les petits-enfants de ces hommes qui ont vu ces temps terribles et grandioses, nous ne saurions nous défendre d'une invincible émotion, en relisant ce décret sublime qui appelle tout un peuple aux armes.

« Les jeunes gens iront au combat; les hommes
« mariés forgeront les armes et transporteront les
« subsistances; les femmes feront des tentes, des ha-
« bits, et serviront dans les hôpitaux; les enfants
« mettront le vieux linge en charpie; les vieillards se
« feront porter sur les places publiques pour exciter
« le courage des guerriers, prêcher la haine des rois
« et l'unité de la République.

« Les maisons nationales seront converties en
« casernes; les places publiques en ateliers d'armes....

« Le Comité de Salut public est chargé de prendre
« les mesures nécessaires pour établir sans délai une
« fabrication extraordinaire d'armes qui réponde à
« l'élan et à l'énergie du peuple français. »

Ce sera l'honneur éternel de la science d'avoir répondu à cet appel. Les savants les plus illustres,
Berthollet, Fourcroy, les bourguignons Monge, Guy-
ton de Morveau, vinrent avec leurs compatriotes Prieur
et Carnot, offrir à la Convention leurs précieux services
pour fabriquer la poudre et les armes. « Livrez-nous
la terre salpêtrée, s'écria Monge, et dans trois jours
nous chargerons vos canons! »

L'artillerie et le génie furent reconstitués, l'infanterie fut organisée uniformément en 98 demi-brigades.
La cavalerie était anéantie, une cavalerie nouvelle
plus solide et plus nombreuse fut créée, et nos jeunes
soldats ayant le sentiment de cette prodigieuse arrière-
garde d'une nation entière qui était là, debout, pour
les soutenir, devaient être invincibles.

« Les forges sur les places fabriquant mille fusils
« par jour, les cloches descendant de leurs tours
« pour prendre une voix plus sonore, et lancer le ton-
« nerre, les cercueils fondus pour les balles, les caves
« fouillées pour le salpêtre, la France arrachant ses

« entrailles pour en écraser l'ennemi : tout cela compo-
« sait le plus grand des spectacles[1].»

En ce moment suprême, Carnot sentit battre dans sa poitrine le cœur et l'âme de la patrie. Alors que la victoire semblait impossible, il voulut vaincre et il sut vaincre. La France était perdue, mais il ne doutait pas de la France et, par sa foi en elle, il la sauva. C'est une de ses gloires d'avoir eu, en cette heure décisive, ce coup d'œil extraordinaire qui lui fit voir dans les rangs inférieurs, cachés sous des grades obscurs, ces hommes qui devaient un jour conduire à la victoire les armées de la République.

« Divination merveilleuse du patriotisme! dit Miche-
« let; cet homme aima tant la patrie, il eut au cœur
« un désir si violent de sauver la France, que, devant
« cette foule où les autres ne distinguaient rien,
« lui, par une seconde vue, il connut, sentit les héros!

« Son premier regard lui donna Jourdan.

« Le second lui donna Hoche.

« Le troisième lui donna Bonaparte. »

Hoche était bloqué dans Dunkerque, alors officier subalterne. Jourdan était dans l'armée d'Houchard, entre Calais et Dunkerque, presque inconnu; Bona-parte à Toulon, simple capitaine d'artillerie.

Cobourg, généralissime des armées autrichiennes, proposa aux puissances coalisées d'enlever les places de la Sambre et de la Meuse avec les vainqueurs de Valen-ciennes et d'envahir en même temps la Lorraine avec l'armée victorieuse de Mayence.

Mais l'ambition et l'égoïsme divisèrent les alliés. La Prusse voulait la Pologne; l'Autriche, l'Alsace; l'Angle-

1. Michelet. *Histoire de la Révolution.*

terre, la mer du Nord. La Prusse donna ordre à Brunswick de se maintenir sur le Rhin, l'Autriche contraignit Cobourg à assiéger le Quesnoy, l'Angleterre força le duc d'York à faire le siège de Dunkerque.

Carnot vit cette faute qui divisait les trois cent mille hommes de l'armée austro-anglaise. Il se hâta d'en profiter. Il envoya sur le champ à Houchard, le nouveau général de l'armée du Nord, les instructions qu'il jugeait nécessaires pour débloquer Dunkerque. « Pitt, lui disait-il, a besoin de Dunkerque devant l'Angleterre. Là est l'honneur de la France; marchez. »

Houchard était brave, mais il manquait d'initiative. Carnot se rendit à son camp pour prendre avec lui les dernières dispositions et lui expliquer la tactique qu'il avait combinée : acculer l'ennemi sous les canons de la place, l'envelopper dans un filet, entre un marais et la mer, et fermer le filet en prenant Furnes.

Levasseur, en l'absence de Carnot rappelé à Paris par ses fonctions au Comité de Salut public, se chargea de faire exécuter ces instructions ; mais Houchard n'avait pas le mérite d'obéir. Cependant, l'action s'engagea avec vigueur.

L'Angleterre avait préparé une flottille de bombardement. Le duc d'York l'attendait impatiemment. Enfin, le 8 septembre au matin, on la signale au large... mais c'étaient les canonnières françaises. Elles approchent de la côte et bombardent son camp avec furie. Au même instant, il entend le canon qui tonne derrière lui. C'est l'armée française qui culbute dans l'Yser ses corps d'observation, Freytag et seize mille Hanovriens. La fusillade éclate en même temps sur son flanc gauche, c'est la garnison de Dunkerque qui, avec Hoche en tête, fait une vigoureuse sortie. Il attendait un renfort, le prince d'Orange et quinze mille Hollandais, son dernier espoir, ils ne paraissent pas, et enveloppé de tous les côtés, il était perdu, si Houchard prenait Furnes.

Houchard ne prit pas Furnes. Malgré les représentants du peuple Levasseur et Delbel, malgré Jourdan, Vandamme et Leclerc, qui chargèrent avec intrépidité et enlevèrent Hondschoote, l'hésitation d'Houchard donna le temps au duc d'York de se replier en bon ordre et de rejoindre Freytag à Furnes.

Sur les injonctions pressantes de Levasseur, Houchard attaqua le prince d'Orange, resté isolé sur la Deule et sur la Lys. Il le chassa de Wervick et de Menin; mais, le 15 septembre, au moment où il arrivait devant Courtrai, dont il allait s'emparer, l'armée, subitement prise d'une terreur panique, évacua Menin, et Houchard fut chassé jusque sous les murs de Lille. Ces fautes et ces malheurs, Houchard les paya de sa tête.

Cependant, le but principal était atteint. Si on n'avait pas gardé Menin et si on n'avait pas pris Courtrai qui conduit à Gand, si du côté de l'Escaut on était refoulé sur Lille, du moins, du côté de la mer du Nord, Dunkerque était débloqué, une armée d'élite était en retraite, 50 canons étaient pris, Hoche était libre.

Cette victoire éphémère d'Hondschoote, obtenue par trois jours d'efforts et de combats contre un ennemi nombreux et solide, eut un grand retentissement : elle causa une joie immense, donna plus d'ardeur à nos jeunes armées, et fit espérer que notre énergie finirait par triompher.

Mais, les Anglais battus, il fallait se retourner contre les Autrichiens.

Houchard, vainqueur à Hondschoote, vaincu à Courtrai, réclamé du reste par le tribunal révolutionnaire, qui lui fit expier si durement ses fautes, était incapable d'une telle entreprise.

Carnot le remplaça par Jourdan, chef de bataillon qu'il fit général, et avec une hardiesse qui, en cas d'insuccès lui eût coûté la vie, il affaiblit l'armée du Rhin pour renforcer celle du Nord.

Les Autrichiens s'étaient avancés lentement, mathématiquement, prenant en passant, avec ordre et méthode, la ligne de l'Escaut, Condé et Valenciennes. Ils assiégeaient maintenant Landrecies et Maubeuge, pour s'emparer de la ligne de la Sambre. Le prince de Saxe-Cobourg, qui les commandait, laissa 20,000 hommes pour garder la garnison affamée de Maubeuge. Il fit bombarder les magasins de Maubeuge pour augmenter la disette, porta le général Colloredo sur la rive droite de la Sambre pour investir le camp retranché des divisions Desjardins et Mayer, et, avec 60,000 hommes, vint se poster lui-même à deux lieues en avant, entre la Sambre et Wattignies, sur un enchevêtrement de collines boisées et de ravins profonds. Là, il fait de vastes abatis d'arbres, coupe les chemins, perce de créneaux les villages, hérisse les sommets de retranchements, d'épaulements, de fossés et de redoutes. Puis il place sa troupe. En haut, une longue ligne de canons ouvrant leurs gueules sur la plaine. A mi-côte, les masses autrichiennes, émigrés et Croates. Au pied, la solide infanterie hongroise. Enfin, à droite et à gauche, l'immense cavalerie du Danube sous les ordres de Clairfayt, le premier homme de guerre de l'Empire autrichien.

Cobourg, avant la bataille, parcourut à cheval ces formidables lignes de Wattignies, et se retournant vers son état-major : « Si les républicains viennent ici, dit-il en riant, je me fais *sans-culotte.* »

Mais voici Jourdan qui arrive d'Avesnes avec 40,000 jeunes soldats, et les représentants du peuple Carnot et Duquesnoy.

Les dispositions de combat furent rapidement prises. Carnot, sans s'inquiéter de la route de Guise, base de nos opérations et lieu de réunion de nos dépôts, qu'il laisserait ouverte, voulait attaquer sur un seul point, sur Wattignies, marcher sur le général autrichien Colloredo qui investissait le camp retranché sous Maubeuge, le mettre entre le feu du camp et celui de la place, l'accabler, et avec la garnison de Maubeuge débloquée, formant alors une masse compacte de 60,000 combattants, prendre Cobourg à revers et le culbuter dans la Sambre.

La hardiesse inusitée d'un plan pareil parut dangereuse. Jourdan proposa et fit adopter **un autre** ordre de bataille, plus prudent, mais qui, ne **portant** pas sur le point décisif, devait demeurer stérile. Couvrant avec soin la route d'Avesnes et de Guise, il attaquera toute la ligne : Wattignies, Dourlers, Leval, Saint-Waast, Monceau, Saint-Remy-Chaussée. Au centre, le général Balland canonnera Dourlers ; à gauche, la division Fromentin s'emparera de Saint-Waast ; à droite, le général Duquesnoy, frère du représentant, soutenu par la division Beauregard, attaquera Wattignies.

Le 15 octobre, les trois colonnes se mettent en marche. L'aile droite monte sur Wattignies et se maintient toute la journée sur le terrain conquis. L'aile gauche monte sur Saint-Waast et l'emporte d'assaut ; mais, n'ayant pas pris la précaution de longer les bois, elle reste à découvert, et la cavalerie hongroise, la chargeant avec furie, la précipite dans les ravins de Saint-Remy.

Au centre, Carnot, croyant la gauche victorieuse, décide l'attaque de Dourlers. Jourdan, le sabre en main, et ses volontaires, à la baïonnette, gravissent en courant les hauteurs et parviennent aux retranche-

ments. Arrivés là, haletants, essoufflés, une formidable
décharge de mitraille les renverse. Quelques-uns pas-
sèrent cependant ; un tambour de quinze ans courut
même jusque sur la place de Dourlers et se mit à battre furieusement la charge derrière l'ennemi. Les
Autrichiens se crurent cernés. Des grenadiers hongrois
se retournent précipitamment, reviennent dans le village

ÉPISODE DE WATTIGNIES.

et n'aperçoivent que ce gamin devant l'église. Ils s'approchent, le mettent en joue, le somment de se rendre.
Pour toute réponse, le petit tambour, donnant un dernier coup de baguette, cria, de toutes ses forces : « Vive
la République ! » Il tomba mort. Cinquante ans plus
tard, en fouillant cette place de Dourlers, on a retrouvé
les os de cet héroïque enfant, couchés à côté de sept
grenadiers autrichiens, tués quelques instants après, et
enterrés là, près de lui.

Cependant, le centre plie, accablé de balles et de
boulets. La cavalerie de Clairfayt déborde son flanc

droit. Un nouveau corps, qui vient de mettre Fromentin en déroute, menace son flanc gauche. Jourdan, désespéré, après quatre heures d'efforts inouïs, jugeant l'attaque de front impossible, propose aux représentants de battre en retraite. Carnot, témoin de cet impétueux élan de nos soldats qui deux fois déjà les a jetés au cœur même de la position et qu'il juge capable de leur faire bientôt tout emporter, dans un mouvement d'impatience, ne lui répondit qu'un mot : « Lâche ! » Alors Jourdan, bondissant sous un tel reproche, voulant se faire tuer, emportant ses jeunes et braves soldats, s'élance encore en avant. Par deux fois il arrive près du sommet, et par deux fois il se brise contre ces canons imprenables qui balayent tout.

La nuit était venue. Cobourg se croyait vainqueur. Ses canons n'avaient-ils pas rejeté l'armée française, meurtrie et sanglante, sous ses pieds ; la mitraille n'avait-elle pas écrasé la bravoure des soldats de la République ?

Il ne savait pas de quel héroïsme ils étaient capables.

Carnot, dans la nuit, reçut un avis important. L'avant-veille, le 13 octobre, Brunswick, Wurmser, les émigrés et les Prussiens étaient entrés en Alsace. Il allait falloir les combattre. Il fallait donc ici battre d'abord les Autrichiens.

Le lendemain 16, Brunswick allait franchir les Vosges. Le lendemain 16, la reine allait monter sur l'échafaud. Le lendemain 16, la Vendée allait passer la Loire.

Il s'agissait de la vie ou de la mort de la République. Il fallait vaincre ou mourir, là, à Wattignies.

Dans le conseil qui se tint pendant cette lugubre nuit du 15 au 16 octobre, Jourdan proposa, selon les principes de l'ancienne guerre, de rétablir l'équilibre de la ligne entière, en renonçant à l'attaque du centre et en renforçant l'aile gauche qui avait faibli.

C'est alors que Carnot, se levant avec vivacité, lui dit : « Général, c'est ainsi qu'on perd une bataille. Rappelons, au contraire, notre aile gauche, la division Fromentin, renforçons notre droite victorieuse. Qu'importe que nous entrions à Maubeuge par la droite ou par la gauche? C'est là que nous devons triompher, ajouta-t-il en mettant le doigt sur le plan, au point de Wattignies. »

— Si nous cédons à l'avis du représentant du peuple, dit Jourdan, je le préviens qu'il en prend toute la responsabilité.

— Préparation et exécution, je me charge de tout, répondit Carnot, avec une ardeur qui entraîna le conseil.

Le désespoir avait illuminé Carnot.

Le jour commençait à poindre, gris et brumeux. Cobourg regarda et ne put voir ce qui se passait sous ses pieds, dans la plaine. A ce moment, dans cet épais brouillard d'octobre, dix mille hommes de l'aile gauche et du centre passaient à l'aile droite, où vingt-cinq mille combattants vont porter tout l'effort de la bataille. A une heure, le brouillard se lève, et Cobourg voit alors les trois colonnes s'avancer sur lui.

Jourdan enflamme ses soldats de son énergique parole. Carnot-Feulins s'avance avec son artillerie. Carnot et Duquesnoy, les représentants du peuple, à cheval, l'écharpe nationale aux reins, agitant sur la pointe de leurs sabres leurs chapeaux aux grandes plumes tricolores, commandent l'assaut général. Les tambours battent la charge. Un immense cri de : « Vive la République! » parti de quarante mille poitrines, gronde comme un roulement de tonnerre, et les trois

colonnes, entonnant la *Marseillaise*, montent à la baïonnette, s'élançant à l'assaut. Cobourg replie à la hâte
son aile droite sur le centre, charge ses canons à
mitraille et fait feu de toute sa formidable artillerie.
De moment en moment, nos colonnes s'entr'ouvrent,
et Feulins canonne l'infanterie croate et hongroise qui,
à mi-côte, barre le chemin. L'aile droite avance,
monte toujours, quand tout à coup Clairfayt lance son
impétueuse cavalerie en plein centre, sur la brigade
Gratien. Chevaux et cavaliers passent dans la bruyère
comme un ouragan et se taillent dans nos bataillons
une large et profonde trouée. Gratien écrasé commande
la retraite. Carnot voit ce mouvement de recul qui, en
ce moment décisif, peut être le signal d'un irréparable
désastre. Lançant son cheval ventre à terre, il arrive à
fond de train, arrête la fuite, destitue le général,
reforme les colonnes d'attaque, saute à bas de son cheval, ramasse le fusil d'un grenadier blessé et commande un second assaut. Au premier rang, la baïonnette en avant et entraînant à sa suite toute la brigade
du centre enlevée par un enthousiasme indescriptible,
sous une fusillade et une canonnade terribles, Carnot,
superbe d'audace et de courage, renverse tout, culbute
tout, franchit les retranchements à la gueule des
canons et arrive enfin, sanglant, noir de poudre, mais
vainqueur, sur le plateau de Wattignies....

Son frère Carnot-Feulins, Jourdan, Duquesnoy, avec
la même furie, ont entraîné le reste de l'armée. Ils arrivent en même temps que lui sur le sommet et les deux
héroïques représentants du peuple, se jetant dans les
bras l'un de l'autre, s'embrassent au cri mille fois
répété de « Vive la République ! »

Sans attendre le duc d'York qui venait à son secours,
Cobourg franchit la Sambre et leva le siège de Mau-

beuge. Cette lutte acharnée, cette grande victoire de
Wattignies, que Bonaparte qualifia « le plus beau fait
d'armes de la Révolution », eut des résultats tels qu'aucune autre, peut-être, n'en eut jamais. Elle nous rendit
18,000 hommes bloqués dans Maubeuge ; elle empêcha
la jonction des armées de Cobourg, de Clairfayt et du
duc d'York venant du Nord, avec celles de Brunswick,
de Wurmser et de Condé, venant de l'Est, pour marcher
toutes ensemble sur Paris. Elle allait permettre de
défendre le Rhin. Elle sauva la France de l'invasion. Elle sauva la République. Carnot, qui avait préparé cette belle victoire avec le coup d'œil d'un homme
de génie ; Carnot, qui avait gagné cette grande bataille
avec l'impétueuse bravoure d'un héros, revint aussitôt
après à Paris, s'enferma avec ses cartes et ses plans
dans son bureau des Tuileries, dédaignant les honneurs et la gloire, et méditant de nouveaux triomphes
pour sa patrie.

A peine arrivé, il écrivit, au nom de la République,
à l'armée du Nord, pour la féliciter de sa bravoure et
de son glorieux triomphe. Pas un mot de cette lettre
ne laissait supposer qu'il eût pris part au combat, et
l'on eût dit qu'il n'avait pas quitté sa table de travail.

CHAPITRE V

1793-1794

LES QUATORZE ARMÉES. — CAMPAGNE DE L'AN II
DIRIGÉE PAR CARNOT.

Quoique incomplète, la victoire d'Hondschoote avait, pour un instant, refoulé le duc d'York et les Anglais ; la victoire décisive de Wattignies mettait en fuite Cobourg et les Autrichiens.

Nos frontières du Nord étaient sauvées. Celles de l'Est étaient envahies.

Brunswick et Wurmser, avec cent mille Prussiens, Hongrois et émigrés, étaient au pied des Vosges ; Mayence était perdu, les armées de la Moselle et du Rhin étaient repoussées sur Saverne et Sarreguemines ; Landau était assiégé ; Wissembourg, Lauterbourg, Haguenau, étaient pris ; Strasbourg allait être investi.

Carnot, à peine revenu de Wattignies, se mit immédiatement à l'œuvre avec ses amis du Comité de défense, Prieur et Lindet, travaillant nuit et jour pour préparer la campagne du Rhin. En quinze jours tout fut prêt.

Au mois de novembre, la Convention confia le plan de Carnot et les ordres du Comité de Salut public à quatre représentants du peuple : Lebas, Saint-Just, Baudot et Lacoste. Beaudot et Lacoste furent envoyés en mission à l'armée de la Moselle ; Saint-Just et Lebas furent chargés de préparer la défense de Strasbourg et de réorganiser l'armée du Rhin. Ils établirent une discipline de fer, et loin de se plaindre, l'armée en accepta toutes les rigueurs, persuadée qu'elles étaient nécessaires.

Pichegru commandait l'armée du Rhin.

Hoche, lieutenant au siège de Dunkerque et dont le génie s'était révélé à Hondschoote, venait d'être, par Carnot, nommé général en chef de l'armée de la Moselle.

Pichegru rejeta les Prussiens de la Zorn sur la Moder.

Hoche, après trois jours d'héroïques efforts, ne put enlever aux Prussiens Kaiserslautern et le Kaisersberg, hérissés d'une formidable artillerie.

La Convention avait donné à ses généraux ce mot d'ordre : « La victoire ou la mort ! » Être battu, c'était avoir le sort de Custine, que la famine avait fait sortir de Mayence ; de Beauharnais, qui ne l'avait pas secouru ; d'Houchard, qui avait laissé échapper le duc d'York ; de Chancel, resté immobile à Maubeuge pendant la bataille de Wattignies.

Hoche allait être perdu par un chef d'accusation terrible : il n'avait pas exactement suivi les ordres de Carnot et du Comité de Salut public.

Carnot le sauva. Il connaissait la bravoure et le patriotisme de ce jeune soldat de vingt-cinq ans, hier sergent, aujourd'hui général, dont le « regard était celui de l'aigle, fier et vaste », qui était « fort comme le peuple, jeune comme la Révolution ». Il ne le blâma pas de sa défaite, l'encouragea, au contraire, et lui écrivit cette noble lettre :

« ... Un revers n'est pas un crime, lorsqu'on a tout « fait pour mériter la victoire. Ce n'est point par les

»« événements que nous jugeons les hommes, mais par
»« leurs efforts et leur courage. Nous aimons que l'on
»« ne désespère pas du salut de la patrie... Notre con-
»« fiance te reste, citoyen général : rallie tes forces,
»« marche et disperse les hordes royalistes... »

Voici comment Hoche y répondit : forçant, en plein
hiver, dans les glaces et les neiges, défilés, gorges, ravins
et précipices des Vosges, il tombe comme la foudre
sur les Prussiens, les chasse de Wœrth et de Frœsch-
willer, reprend Landau, rejoint Pichegru, jette Wurmser
dans la Lauter et Brunswick dans le Rhin, les poursuit
jusqu'à Mayence et établit ses quartiers d'hiver dans le
Palatinat, en pays ennemi.

Ainsi, la campagne de 93, compromise par la défection de Lafayette, la trahison de Dumouriez, l'hésitation d'Houchard et les fautes de Custine, se terminait par la victoire de Wattignies et les rapides
succès de Hoche en Alsace.

Mais, à peine sauvée d'un péril, la France en courait
d'autres. Si l'invasion était repoussée, l'ennemi n'en restait pas moins formidable. La coalition n'avait pas déposé
les armes et se préparait, au contraire, à tenter bientôt
un nouvel et suprême effort. Pour le repousser, Carnot,
pendant l'hiver de 93-94, travailla encore sans relâche,
et au printemps, au moment d'entreprendre une campagne nouvelle, son fameux « système général des
opérations militaires pour l'an II » était prêt.

Ce vaste plan de campagne fit mouvoir quatorze
armées [1].

---

1. En décembre 1793, il y avait *quinze armées*, mais on y
comprenait l'*armée révolutionnaire* formée par décret du 15 septembre 1793 « pour exécuter les mesures du Comité de Salut
public, protéger les subsistances, comprimer les contre-révolu-

Outre ce plan, destiné à une direction d'ensemble,
chaque général en chef fut pourvu d'une instruction
spéciale, ne laissant à son initiative que les questions
de détail.

A la fonte des neiges, dès les premiers jours de
germinal, de Dunkerque à Coblentz, de Grenoble à
Nice, de Perpignan à Bayonne, de Rennes à Nantes,
les quatorze armées de la République se mirent en
marche.

Carnot réservait le commandement de l'armée du
Nord, la plus importante de toutes, au général Hoche,
qui s'annonçait à vingt-cinq ans comme le plus habile
homme de guerre qu'eût enfanté la Révolution. Malheureusement, Hoche, en refusant de communiquer ses
projets de campagne aux représentants et en traitant
Pichegru, le protégé de Saint-Just avec une certaine
« morgue affectée », comme il le dit lui-même, avait
éveillé l'ombrageuse susceptibilité de Saint-Just, qui
avait demandé sa destitution au Comité de Salut public.

tionnaires, etc. » Elle fut dissoute sur le rapport du Comité de
Salut public le 7 germinal an II (27 mars 1794).

Les quatorze armées se répartissaient ainsi :

1° Armée du Nord.....	120.000 h.	9° Armée des Pyrénées-Occidentales.	55.000 h.
2° — des Ardennes	18.000	10° — de l'Ouest...	45.000
3° — de Sambre-et Meuse.....	150 000	11° — des Côtes de Brest	50.000
4° — de la Moselle	75.000	12° — des Côtes de Cherbourg.	18.000
5° — du Rhin.....	90.000	13° — de l'Intérieur.	4.000
6° — des Alpes....	32.000	14° — navale......	12.000
7° — de l'Italie....	80.000	Total	804.000
8° — des Pyrénées-Orientales.	55.000		

En février 93, la République n'avait que 200,000 hommes sous
les armes ; en juillet, 500,000 ; en septembre 1794, 732,000
étaient présents sur le terrain des combats. (Voir le capitaine
F. Siccard, *Histoire des Institutions militaires*, t. II, p. 309 et suiv.
Servan et Grimoard, t. I; Williaumé, *Histoire de la Révolution*,
t. III, p. 479.)

Le Comité, trompé sur les desseins de Hoche, l'avait fait arrêter et jeter aux Carmes. Carnot, qui fut chargé de son interrogatoire, s'empressa de le faire enfermer au Luxembourg, où il feignit de l'oublier, et, « à cette époque, oublier les prévenus, comme le dit Barère, c'était les sauver ».

Sur les instances de Saint-Just, le « fourbe et souple » Pichegru, qui ne valait ni Hoche ni Jourdan, reçut le commandement de l'armée du Nord.

LES HUSSARDS CHARGEANT LA FLOTTE.

C'est au Nord que devaient se porter les grands coups.

Cobourg, s'appuyant à droite sur la Flandre inondée, à gauche sur la Sambre et l'armée prussienne venue du Rhin, et basant ses opérations sur Condé, Valenciennes et le Quesnoy qui étaient encore entre ses mains, devait descendre l'Oise, rallier une armée austro-anglaise et vendéenne venue de l'ouest, attaquer Paris, toutes forces réunies, et y étouffer la Révolution. L'empereur d'Allemagne était venu se placer à la tête de ses troupes pour assister au triomphe.

Toute cette belle tactique fut déjouée par celle de

Carnot. D'après ses ordres, l'armée du Nord, s'appuyant sur celles des Ardennes et de la Moselle, descendra l'Escaut, la Sambre et la Meuse ; puis, prenant vivement l'offensive, elle livrera une bataille décisive entre l'Escaut et la Lys, prendra Ypres, coupera la Flandre belge d'avec le Brabant et s'emparera de l'une de ces provinces. En même temps, l'armée des Ardennes entrera en Belgique par Charleroi, celle de la Moselle marchera sur Liège, et celle du Rhin, du côté de l'Est, tiendra les Prussiens en échec.

Pendant que, dans le Nord, ces opérations seront menées vivement, à l'Ouest la guerre de la Vendée sera achevée et une descente en Angleterre sera préparée.

Au Sud-Est, les armées des Alpes et d'Italie couvriront la Savoie, s'empareront des Alpes et tourneront le Piémont.

Au Midi, les armées des Pyrénées refouleront les Espagnols du Roussillon et s'établiront sur les défilés qui conduisent en Espagne.

On sait comment ce plan fut exécuté. Nous ne pouvons ici que le rappeler rapidement.

Au Nord, l'armée des Ardennes, appuyée sur Maubeuge et poussée par les ordres obstinés de Saint-Just, s'efforçait en vain de passer sur la rive gauche de la Sambre et d'enlever Charleroi. Le Comité avait cependant résolu de porter un coup décisif de ce côté. C'est alors que Carnot, renonçant subitement à l'attaque du centre et renouvelant hardiment, dans de vastes proportions, une tactique qui lui avait déjà réussi à Wattignies et dont il répondait sur sa tête, donne l'ordre à Jourdan de porter, dans le plus grand secret et à marches forcées, de la Moselle sur la Sambre, 56,000 hommes pour renforcer l'armée des Ardennes et prendre l'ennemi à revers. Quatre fois l'armée des Ardennes

franchit la Sambre, quatre fois elle est repoussée. Jourdan, qui vient d'arriver, avec un archarnement superbe,
tente le passage une cinquième fois. Il réussit. Alors,
avec Marceau à droite et Kléber à gauche, il s'empare de
Charleroi, bat Cobourg et s'ouvre la route de Bruxelles
par la glorieuse bataille de Fleurus. Dès ce moment
les deux armées de la Moselle et des Ardennes réunies
forment ensemble la fameuse armée de Sambre-et-
Meuse. Avec des chefs qui s'appellent les généraux
Jourdan, Kléber, Marceau, Championnet, Charbonnier,
Desjardins et Lefebvre, le colonel Soult, les réprésen-
tants Lebas et Saint-Just, l'infatigable armée de Sambre-
et-Meuse traverse Bruxelles, prend Liège et Maës-
tricht, poursuit les Autrichiens, les bat sur la Meuse,
sur l'Ourthe et sur la Roër, s'unit à l'armée du Rhin
maîtresse de Trèves et de Worms, refoule les Prussiens et les Autrichiens au delà de Cologne et de Bonn,
entre à Coblentz, quartier général de l'émigration, et
vient se ranger, sur la rive gauche du Rhin, en une
ligne profonde et imposante de deux cent mille combattants.

Sur l'Escaut et sur la Sambre, Pichegru n'avait tout
d'abord réussi qu'imparfaitement. L'impétueux élan de
ses soldats avait cependant gagné les victoires de Mou-
cron et de Tourcoing ; mais, Pichegru n'avait pas su
en profiter, et tandis qu'il entrait à Menin, l'ennemi,
toujours maître du Quesnoy, de Valenciennes et de
Condé, s'emparait de Landrecies. Bientôt, sur la proposition de Carnot, ne pouvant faire le siège régulier
de ces places fortes, la Convention, avec une audace
inouïe et qu'on eût traitée de folie si elle n'eût réussi,
les sommera toutes les quatre de se rendre à discré-
tion, sous peine d'être exterminées, et dans les vingt-
quatre heures elles ouvriront leurs portes....

L'armée du Nord, entraînée enfin par les succès de Jourdan, conduite par Pichegru, et surtout par Moreau et Macdonald, s'empare de Courtrai, de Bruges, de Gand, de Tournay, de Bois-le-Duc, de Nimègue, et pénètre en Hollande. Le froid d'un hiver terrible ne l'arrête pas, elle traverse sur la glace les fleuves et les marais, poussant toujours devant elle les Anglais et les Hanovriens, et, poursuivant sa marche victorieuse, elle fait son entrée dans Amsterdam le 20 janvier 1794. Le stathouder s'enfuit de la capitale quelques jours après et s'embarqua pour l'Angleterre. Les Français entrèrent à La Haye, aux acclamations du peuple hollandais.

Cette course rapide à travers la Belgique et la Hollande se termina par un fait d'armes extraordinaire qui frappa beaucoup les esprits. Carnot avait écrit, le 16 nivôse an II (6 janvier 94), au représentant Bellegarde, qui était en mission près de Pichegru : « On assure que la mer du Nord est gelée, et qu'en poussant avec vigueur on se saisirait de toute la marine hollandaise. Il faut voir avec Pichegru ce que la nature des choses comporte en ce moment, sans compromettre le sort de l'armée. » Peu après, on vit, en effet, chose inouïe dans l'histoire, des hussards lancés au galop sur le Zuyderzée, courant sommer la flotte retenue dans les glaces et la forcer de se rendre.

Nos soldats étaient entrés en Belgique et en Hollande, non en ennemis victorieux, mais en libérateurs. Les représentants en mission aux armées en firent la déclaration solennelle. Les Etats hollandais abolirent le stathoudérat et, par une constitution démocratique, la Hollande fut organisée en République batave, alliée de la République française. Quant à la Belgique, depuis longtemps elle demandait sa réunion à la France.

Dans toutes les directions à la fois, la guerre de la

défense était poussée partout avec une égale ardeur.

Dans le sud-est, pour conserver Nice et la Savoie, dont l'occupation s'était effectuée sur la demande des habitants et avec tant de rapidité en 1792, le général Alexandre Dumas, avec l'armée des Alpes, s'emparait du Mont-Cenis et du petit Saint-Bernard, et chassant les Austro-Sardes dans les neiges et les glaciers, s'élevait d'échelon en échelon jusque sur la crête des grandes Alpes. Bientôt, l'armée d'Italie avec Augereau, Masséna et Bonaparte, profitant de ces succès, prendra Savone et courra jusqu'aux portes de Gênes. Le Piémont et la Lombardie seront alors ouverts, pour une campagne prochaine, à la fiévreuse activité de Bonaparte.

Dans le Midi, les armées de Carteaux, de Kellermann et de Dugommier, après avoir repris Marseille, Lyon et Toulon, poursuivent les restes des rebelles dans la vallée du Rhône.

Dans l'Ouest, Tureau et Haxo chassent les Vendéens du Marais, leur tuent deux de leurs chefs les plus redoutables, d'Elbée et la Rochejacquelein, et Canclaux commence la pacification de la Vendée, œuvre qu'achèvera bientôt, à sa gloire, le général Hoche.

Aux Pyrénées-Orientales, le vieux et brave général Dagobert, après une vie glorieuse, était mort à Urgel, et Dugommier, vainqueur de Toulon, qui le remplace, enlève le camp du Boulou et 140 pièces de canon aux Espagnols. A la bataille de la Montagne Noire, Dugommier est éventré par un éclat d'obus, mais son armée, conduite par Pérignon et Augereau, pénètre en Espagne.

L'armée des Pyrénées-Occidentales, sous les ordres de Moncey, entre dans les gorges des Pyrénées, descend la vallée de Roncevaux, s'empare de Fontarabie, de Saint-Sébastien et de Tolosa.

Partout s'était fait sentir la main ferme et impitoyable du Comité de Salut public, partout les soldats de la République avaient repoussé l'ennemi.

Cette glorieuse campagne avait duré dix-sept mois, et Carnot, qui l'avait dirigée, ne s'en attribue pas le mérite. Avec une modestie digne des plus nobles caractères de l'antiquité, cet homme qui a imprimé une si vigoureuse impulsion aux armées de la République, qui leur a plus d'une fois, sur le champ de bataille, donné l'exemple de l'héroïsme, monte à la tribune et, devant la Convention suspendue à ses lèvres, il annonce les succès, fait l'éloge des généraux, remercie les soldats, proclame la patrie sauvée, sans se nommer jamais lui-même, et se résume enfin en ces termes, au milieu des applaudissements de l'Assemblée enthousiasmée :

« Cette campagne, citoyens, vaut à la République :

27 victoires, dont 8 en bataille rangée ;

120 combats, 80,000 ennemis tués, 91,000 prisonniers ;

116 places ou villes importantes prises, dont 6 après siège et blocus ;

230 forts ou redoutes, 3,800 canons, 70,000 fusils, 1,900 mil. de poudre, 90 drapeaux enlevés à l'ennemi. »

Rien de comparable ne s'était vu dans notre histoire.

« Que l'on cherche une pareille campagne dans les annales de l'Europe ! » s'écria Fox, en plein parlement anglais.

Et plus tard, Napoléon et ceux que Michelet appelle « les magnifiques sabreurs de l'Empire » ne revenaient pas de leur étonnement en voyant « la mine simple et modeste, les bas bleus et la bourgeoise culotte courte » du célèbre Directeur des armées de la République, de celui qu'on appelait devant eux « l'organisateur de la victoire ».

CHAPITRE VI

« C'est à la discipline fondée sur la
confiance et l'amour de la patrie que
la République doit tous ses succès. »
Carnot.

———

Influence de Carnot sur les armées de la République.

Ces mémorables années 1793 et 1794 nous montrent Carnot dans tout son éclat. Quelle est sa part dans cette magnifique campagne de l'an II ? Nul ne saurait le dire exactement. C'est que les hommes de ce temps-là n'avaient pas souci de leur renommée. Le désintéressement chez eux égalait le génie et, pour la plupart, ils ont pris soin de rester ignorés.

L'influence de Carnot se fait sentir dans toutes les armées ; il est des victoires qui lui appartiennent en entier ; il en est d'autres dont il partage la gloire avec ses collègues du Comité ou avec les généraux. La fougue des représentants en mission, l'initiative et l'habileté des chefs, la discipline, la constance, l'héroïsme des soldats, l'amour de la patrie, l'irrésistible élan de tous firent ces prodiges.

Quant aux plans de Carnot, ce sont, généralement, des résumés de la tactique nouvelle, clairs et précis. Les marches y sont tracées, les mouvements indiqués, les villes à prendre désignées, les combats prévus et préparés, les champs de bataille marqués d'avance.

Pour n'en citer qu'un exemple, les ordres donnés à Pichegru et à Jourdan pour l'armée du Nord furent suivis avec une telle exactitude, les événements prévus se réalisèrent avec tant de précision, qu'il s'en fallut de peu que l'ordre chronologique même ne fût observé. Si bien qu'en terminant, devant la Convention qui le couvrit d'applaudissements, le rapport relatif à ces opérations, Carnot put s'écrier :

« Ces succès (marche de flanc de Jourdan et victoire de Fleurus) répondirent tellement aux espérances du Comité de Salut public, que l'arrêté par lequel il avait déterminé le plan de campagne a plutôt l'air d'une inspiration que d'un projet soumis aux hasards des combats ! »

Si l'on parcourt la correspondance de Carnot avec les généraux, on voit qu'il s'efforce de se rendre, en quelque sorte, présent à leurs côtés par un entretien constant. Il saisit les questions stratégiques de ce coup d'œil prompt et sûr qui n'appartient qu'aux grands hommes de guerre. Mais, pour nous, nous ne voulons retenir ici qu'une chose : c'est cet amour de l'humanité qui se trouve exprimé dans les lettres de ce soldat à la fois citoyen et philosophe.

C'est ainsi qu'il écrit au général commandant les côtes de Cherbourg, après d'horribles massacres commis par les *chouans* : « Le moyen de les calmer, ces brigands, c'est, citoyen général, d'établir la discipline la plus rigoureuse, de faire respecter la vie, les possessions, les mœurs et les *faiblesses* mêmes des citoyens, de les *éclairer* et de leur faire aimer la Révolution. » Et voilà, en quelques mots, le principe de douceur et de bonté à l'égard de malheureux égarés, que Hoche appliquera bientôt : et la Vendée sera pacifiée, réconciliée avec la mère patrie.

C'est ainsi encore qu'il recommande sans cesse de traiter les peuples en amis :

« Faites respecter les chaumières, les malheureux, les femmes, les enfants, les vieillards; entrez comme *bienfaiteurs des peuples*, en même temps que vous serez le fléau des grands, des riches, des ennemis du nom français..... Que votre conduite soit tellement connue, que chacun voie que ce n'est point le système de la dévastation, mais celui de l'égalité que vous apportez!... Les peuples doivent voir en vous des libérateurs!... Il faut faire craindre le nom français, mais non le faire haïr!... »

Voilà comment Carnot comprenait la guerre, sans esprit de conquête, avec des généraux et des soldats tellement soumis au pouvoir civil que le droit demeure inviolable et la loi respectée du sabre. Et c'est, comme s'il l'a dit un grand écrivain, « la plus belle œuvre de la Révolution, d'avoir su imposer cette religion du droit, au milieu de l'ivresse de la force, qui donne aux armées de la République un caractère unique de grandeur. » (Edgar Quinet.)

Carnot connaissait admirablement l'art d'électriser ceux qu'il choisissait pour commander à de telles armées. Il leur inculquait « le feu sacré, la grande passion, dit-il, sans laquelle rien de grand ne se fait dans le monde ». Nous en trouvons un exemple dans un récit de Levasseur (de la Sarthe). Au lendemain de l'arrestation de Custine, Levasseur fut mandé au Comité de Salut public. Carnot lui annonce qu'il vient de le nommer commissaire à l'armée du Nord. Levasseur objecte qu'il n'a jamais commandé aux troupes.

« Les circonstances font les hommes, lui répond Carnot, ton dévouement à la République nous répond de toi. — Eh bien, j'accepte; quand faut-il partir? —

Demain. — Je serai prêt. — Demain, tu recevras le décret de la Convention, des armes, ton costume, etc. — Et mes instructions? — Elles sont dans ton cœur et dans ta tête; l'occasion les en fera sortir. Pars et réussis. »

Un autre jour, Marceau, après sa victoire du Mans qu'il venait de remporter à vingt-sept ans, fut présenté à Carnot. Celui-ci était à son bureau, plongé dans son travail; mais, au nom de Marceau, il redresse vivement la tête : « Tu es bien jeune pour gagner des batailles ! » lui dit-il; puis, se levant brusquement, et tendant les bras au jeune général, comme il eût fait à un enfant, Carnot, profondément ému, l'attira avec force sur sa poitrine, l'embrassant avec effusion, sans un mot. Marceau fondait en larmes.

Sans doute, avant Carnot, dès le début de la Révolution, en 91 et 92, lorsqu'il s'était agi de défendre la France, il s'était trouvé des hommes tels que Pache, Servan, Dubois-Crancé, qui firent les plus louables efforts pour constituer notre armée nationale avec les débris des troupes royales et les levées spontanées. Grâce aux volontaires qu'ils surent armer, Valmy et Jemmapes furent possibles. On leur doit cette justice. Mais, malgré leur réel talent, ils ne purent pas toujours obtenir assez d'ensemble, assez d'ordre et de discipline dans cette confusion qui accompagne toujours une grande fermentation populaire; aussi, ces coups douloureux, la défection de Lafayette, la trahison de Dumouriez, ne furent pas épargnés à la République. Et ce sera précisément l'éternel honneur de Carnot d'avoir su organiser et diriger la levée en masse, ce torrent révolutionnaire d'un million d'hommes, comme ce sera celui de Prieur et de Lindet d'avoir su les nourrir et les armer.

Sans doute encore, avant Carnot, on avait vu des
hommes de guerre hardis, comme Condé et Frédéric,
user de l'effort en masse ; mais, ce ne fut que rarement,
pour un espace restreint, sur un point déterminé, au
moment décisif de l'action. Carnot en fit au contraire
un système de guerre raisonné, et il l'appliqua sur un
champ de bataille qui embrasse toutes les frontières de
France, une ligne de cinq cents lieues. De l'élan spon-
tané d'un peuple armé il sut tirer un effort constant
et méthodique.

Avant lui, nos généraux, sortis de l'aristocratie et
formés à l'école de la guerre de Sept ans, suivaient ces
anciennes coutumes, qui traînaient la guerre sans jamais
la terminer. Ils opposaient bataillon à bataillon, s'avan-
çant à petits pas, d'une place à l'autre, ne laissant en
arrière aux mains de l'ennemi aucune position for-
tifiée, si minime qu'elle fût. Chaque corps agissait iso-
lément ; on s'étendait sur de longues lignes, par petits
groupes, en minces cordons enveloppants, sans cohé-
sion, sans force.

Dans la lutte à mort que soutenait la Révolution,
une guerre pareille, c'était sa perte. Disséminées sur la
frontière, ses armées eussent été infailliblement rom-
pues, submergées par le flot immense de l'ennemi.

Cet ennemi formidable, Carnot comprit qu'il fallait
le surprendre, le déconcerter par la hardiesse, la
promptitude, l'imprévu des mouvements, triompher
de lui, enfin, à force de vigueur et d'audace.

Et à cette stratégie nouvelle, il fallait des hommes
nouveaux, jeunes, intelligents, intrépides. Carnot sut
les trouver. Et quels hommes ? Des héros.

« C'était, dit Thiers, un art difficile et grand, qui
exigeait du génie. Placé au centre, planant sur toutes
les frontières, l'esprit de Carnot en s'élevant dut

s'agrandir. » Voyant de haut, calculant sur l'ensemble,
il conçut des plans coordonnés entre eux, tendant tous
à un but unique, hardis et prudents tout à la fois. Dès
lors, plus de généraux, comme Dumouriez ou Custine,
consumant à eux seuls, sur un point isolé, toutes les
forces de la nation, agissant séparément, selon leur

CARNOT INSPIRATEUR DE LA VICTOIRE.

volonté, leur inspiration ou leur caprice du moment.
Dès lors, plus de représentants du peuple aux armées
ordonnant ou empêchant les manœuvres, modifiant
les ordres et entravant l'action du général. Désormais,
il faudra se conformer à un plan unique et obéir à
une volonté suprême.

Les résultats ne se firent point attendre.

Le jour où Carnot entra au Comité de Salut public,
le 14 août 1793, l'ennemi était à trente lieues de Paris;
trois mois après il était battu à Hondschoote, à Wattignies, à Landau; en moins d'un an, en une seule cam-

pagne, la Belgique et la Hollande étaient envahies à
leur tour, la rive gauche du Rhin était à nous, les
Alpes étaient escaladées, les Pyrénées étaient franchies,
la République plantait son drapeau jusque sur les glaces
de la mer du Nord et la coalition désespérée était con-
trainte à se dissoudre !

Aussi, quelles armées que celles qu'avait su organiser Carnot avec les recrues de la levée en
masse !

Les opérations des 800,000 hommes des quatorze armées sont exécutées avec autant d'exactitude que s'il
s'agissait d'une manœuvre de brigade ; les mouvements
sont précis, vifs, coordonnés, les corps d'armée se
groupent, la marche irrésistible en avant, la baïonnette, remplacent l'expérience et la justesse de tir des
vieilles troupes. On prend l'offensive vigoureusement,
on attaque par masses, on concentre tous ses efforts à
l'endroit décisif, au point stratégique ; une position
favorise, on s'y maintient avec acharnement. Le représentant du peuple est là, puissant auxiliaire du Comité
de Salut public, dans les rangs, donnant l'exemple,
creusant les tranchées, couchant dans la boue du bi-
vouac, partageant les souffrances du soldat, l'enivrant
de l'enthousiasme, marchant avec lui au feu, au chant de
la Marseillaise, comme Merlin de Thionville, comme
Meunier, Duquesnoy, Carnot, Saint-Just, Beauvais, et
tant d'autres ; ou tombant sur la brèche, percé de balles,
comme Gasparin et Fabre de l'Héraut. Le représentant
du peuple dans la fumée du combat, c'est la patrie vi-
vante, et c'est aussi la loi ; porteur des ordres du terrible Comité, il est chargé de leur exécution ; généraux
et soldats lui obéissent également, tous demeurent au
point marqué, sous la fusillade et la mitraille ; on sait
qu'il s'agit du salut de la patrie, de l'honneur de la

République, et l'on meurt, résolu, sans plainte, sans murmure, d'une mort stoïque.

Et comment la République récompense-t-elle tant d'héroïsme? La Convention décrète que telle armée a bien mérité de la patrie. Soldats, officiers, généraux pleurent de joie, quand le *Bulletin des lois* arrive au camp avec *un décret de bien mérité*. C'est du délire lorsque les Bulletins se succèdent, répétant : « L'armée de... continue à bien mériter de la patrie... » Un simple fusilier, pour une action d'éclat, obtient de l'Assemblée *les honneurs de la séance* et le président lui donne *l'accolade fraternelle*. Les noms des braves tués à l'ennemi sont inscrits au Panthéon sur *la colonne nationale*, et la plus haute récompense que puisse espérer un général commandant en chef pour une victoire éclatante, c'est un *sabre d'honneur*.

Les soldats de la République montrent toutes les vertus. Ce ne sont pas des conquérants : s'ils écrasent les armées étrangères, ils respectent les peuples, n'aspirant qu'à revoir cette France qu'ils ont sauvée et rendue libre. Jamais ne furent portés plus haut l'amour du pays, le culte de la liberté, le courage, l'oubli de soi-même. Jamais le monde ne vit d'armées supportant avec autant de patience la misère et la rigueur des saisons, moins troublées par les revers, moins ébranlées par les épreuves. C'est qu'elles n'étaient pas l'instrument servile de l'ambition d'un homme, général, roi ou empereur, que le génie ou le bonheur parfois abandonne et qu'un jour la mort fauche.

La modestie, l'abnégation, le respect de la loi, la soumission de la force au droit, l'entente cordiale entre eux, le dévouement absolu au drapeau, voilà les vertus dont les généraux donnent l'exemple. Ces hommes héroïques qui font trembler les trônes, Hoche, Marceau,

Joubert, Ney, Gouvion Saint-Cyr, La Tour-d'Auvergne, refusent leur avancement. Lefebvre est si pauvre qu'il ne peut payer les frais de collège de son fils. Le vieux général Dagobert est si pauvre que ses soldats se cotisent pour payer ses funérailles. Dampierre partage ses appointements avec ses lieutenants. Hoche envoie au Comité de Salut public un état si modeste des pertes de chevaux à son usage, que le Comité croit devoir doubler l'indemnité qu'il réclame. Et ce général qui commande à ces *Mayençais*, qui sont les premières troupes du monde, fait ses campagnes n'ayant pour toute vaisselle que douze assiettes et un plat d'étain.

Et ces héros obéissent à un chef suprême, officier subalterne, simple capitaine, mais capitaine infatigable, qui travaille dix-huit et vingt heures par jour, qui entretient avec eux une correspondance incessante, et qui, du fond de son bureau, sur un champ de bataille qui s'étend du golfe de Gênes au Zuyderzée, de l'Océan au Rhin, prévoit tout, prévient les revers, répare les fautes, prépare les succès, et, d'un mot, lance ce million d'hommes, la nation armée, sur le chemin de la victoire.

Carnot était la tête et l'âme de ces armées incomparables.

CHAPITRE VII

LA TERREUR. — CARNOT ET ROBESPIERRE.

Lorsque les départements girondins s'étaient insurgés, la Côte-d'Or leur avait adressé la proclamation que voici :

« Non ! vous ne prendrez pas les armes ! Vous ne persisterez pas dans l'aveugle mouvement où vous pousse le délire de la liberté ! Si les paroles fraternelles de vos amis de la Côte-d'Or ne peuvent arrêter cet élan de guerre, ils iront au-devant de vous et vous diront : Frappez ! Avant d'immoler la Patrie, immolez-nous ! Si nous apaisons votre fureur, nous aurons assez vécu !... »

Ce chaleureux appel à la concorde était parti de Dijon, le pays le plus *montagnard* de France. Il fu attribué à Carnot et à Prieur. Mais aucune voix ne pouvait se faire entendre dans cette mêlée furieuse et ces paroles ne furent malheureusement écoutées ni des amis de la Gironde qui, en combattant la Convention, prétendaient sauver la République, ni des royalistes qui, pour la détruire, avaient pris les armes contre leur pays, en faisant appel à l'étranger.

Tandis que nos armées combattaient au dedans pour l'unité de la nation et au dehors pour l'intégrité du territoire, illustrant partout le nom de la République,

...up que de cruels déchirements au cœur même de la France !

Au plus fort de cette lutte gigantesque, les partis se proscrivaient au sein de la Convention. Dès l'ouverture de cette Assemblée, Montagnards et Girondins s'étaient divisés sans retour.

Brillante phalange d'orateurs à l'éloquence étincelante, les Girondins, qui se distinguaient par leurs talents, leur esprit cultivé, leur générosité, leur jeunesse, leur impétuosité, avaient un défaut grave, irrémédiable : ils étaient indécis dans un moment terrible où il fallait des hommes prompts à la décision, ni inflexibles dans l'action.

Ce sont leurs rivaux, les Montagnards, qui furent ces hommes-là. Hommes de fer, ardents, fougueux, hardis, décidés à ne reculer devant rien pour fonder la République et soutenir la lutte de la Révolution contre la Royauté.

Les Girondins se perdirent en attaquant trop tôt les chefs des Montagnards, en accusant Robespierre et Danton d'aspirer à la dictature. Cette accusation, quant à Danton, était fausse. Pour Robespierre, elle était au moins prématurée. Aussi Robespierre repoussait-il facilement cette attaque et il sortit de ce combat plus puissant, et comme grandi par ses ennemis mêmes.

Les Girondins, accusés d'être les complices de Dumouriez et d'avoir voulu avec lui renverser la Convention, menacés par l'insurrection populaire du 31 mai 93, furent décrétés d'accusation le surlendemain, 2 juin. Dans l'intervalle quelques-uns s'étaient enfuis, on en jeta vingt-deux en prison, sur la demande de la Commune de Paris et sous la pression des sections. Carnot à cette époque était dans le Nord, arrêtant,

comme nous l'avons vu, la déroute de l'armée de Dumou
riez. Il n'avait pas hésité un seul instant entre les Girondins et les Montagnards. Il était allé s'asseoir, dès son arrivée à la Convention, sur les bancs de la Montagne. Son
caractère, naturellement éloigné de toute passion violente et disposé à la douceur, l'avait rapproché de quelques Girondins dont il admirait les talents sans partager
leurs opinions, et il avait parmi eux des amis, tels que
Condorcet, Ducos et Fonfrède. Ces amitiés l'eussent
perdu, peut-être, s'il n'eût été alors en mission aux
armées. Les Jacobins, vainqueurs du 31 mai et du
2 juin, avaient exigé de lui une adhésion à ces journées
insurrectionnelles. « N'ayant pas été témoin des faits,
leur avait-il répondu, je ne puis les juger ; mais je ne
peux m'empêcher de déplorer la lutte d'une portion
de l'Assemblée contre l'autre. » Enfin, et il fallait un
bien grand courage pour cela, il écrivit à la Convention pour protester contre le 31 mai. Robespierre
et Hébert ne le lui pardonnèrent jamais.

La Montagne victorieuse s'était divisée en trois partis : ceux d'Hébert, de Danton et de Robespierre.

Les Hébertistes, maîtres de la commune, voulaient
rendre la Terreur plus violente, en faire un système de
gouvernement permanent. C'étaient les ennemis achar-
nés du Comité de Salut public qui, dans cette tourmente
effroyable, était le modérateur, la seule force régulière
de gouvernement.

Robespierre, servi à la Convention par une majorité
affolée, les détruisit tous. Il commença par les violents,
par Hébert et Chaumette; puis il se retourna contre
Danton et Camille Desmoulins. Ceux-ci furent arrêtés
six jours après la mort des Hébertistes.

Une nuit, au commencement de germinal an II
(mars 1794), Saint-Just vint lire au Comité l'acte d'accu-

sation contre Danton. Cet acte était rédigé par Robespierre, la signature de tous les membres du Comité
était requise. Robert Lindet et Carnot s'opposèrent à
l'accusation du grand tribun.

« Vous accusez Danton de trahison, dit Carnot, et
vous n'avez pas une preuve contre lui. Nul n'est à
l'abri de soupçons calomnieux, et je n'entends alléguer
ici que des soupçons. N'élevons pas de querelles sanglantes entre les hommes qui ont travaillé ensemble à fonder
la République. Ces proscriptions sont plus dangereuses
pour elle que les conspirations mêmes que l'on prétend
punir. Une tête comme celle de Danton en entraîne
d'autres. Si vous frayez le chemin de l'échafaud aux
représentants du peuple, nous y passerons tous. »
Cependant les deux comités réunis ayant résolu de sou-
mettre cette accusation à l'Assemblée, Carnot, ne considérant que l'immense tâche qu'il avait à remplir pour
le salut de la patrie, réprima l'indignation qui l'étouffait
et ajouta : « Je signe pour ne pas rompre l'unité du
gouvernement révolutionnaire. » Mais l'Assemblée ayant
renvoyé les accusés au tribunal révolutionnaire et
celui-ci les ayant condamnés, le soir même de la mort
de Danton, le 5 avril 94, sur la proposition de Carnot,
le Comité de Salut public décida qu'il n'autoriserait
plus désormais aucune accusation politique contre les
représentants du peuple, parce qu'il entendait « fermer
la voie des mutilations de l'Assemblée par elle-même ».

La Terreur, contre-coup d'une formidable agression
étrangère et d'une guerre civile sans pitié, rage sangui-
naire d'un peuple placé entre la victoire et la mort, ne
pouvait être arrêtée par personne, résistait à tous les
efforts, broyait tout sur son passage.

Carnot repoussa toujours avec énergie tout esprit de
solidarité entre les principes de la Révolution et ces

actes de violence. Pendant cette sanglante période, il resta étranger aux haines et aux vengeances de parti, même à l'exécution des Hébertistes qui cependant demandaient sans cesse sa tête. Consacré tout entier à la défense de son pays, cette tâche glorieuse le préserva en le rendant inattaquable. Il risqua plusieurs fois sa vie pour sauver celle d'un grand nombre de personnes. Qu'on nous permette de le démontrer ici par quelques exemples.

Il avait essayé de détourner le coup qui frappa Houchard; mais il n'y parvint pas. Plus tard, il fit du moins réhabiliter la mémoire du vieux général et accorder une pension à sa veuve.

Il déroba une première fois à la mort le général O'Moran, faussement accusé de trahison, en lui donnant un autre emploi.

Étant en mission dans le Nord, il maintint au camp de Cassel le général Stettenhoffen, quoique suspendu de ses fonctions, et, à cette époque, une suspension, c'était l'échafaud à courte échéance. Carnot pensa en cette occasion qu'il pouvait enfreindre les ordres du gouvernement, persuadé que son avis serait approuvé après les observations qu'il se proposait de faire à son retour. C'est ce qui arriva. Sur le champ de bataille de Wattignies, il avait destitué le général Gratien, coupable d'un instant de faiblesse. Gratien fut envoyé à Arras au conseil de guerre où deux des représentants proposèrent de le faire fusiller devant l'armée; mais Carnot, le jugeant plus malheureux que coupable, s'y opposa, et Gratien, rendu à la liberté, se réhabilita bientôt en servant bravement son pays. D'ailleurs Carnot, dans son rapport sur le déblocus de Maubeuge, n'accusa personne de l'immobilité de cette place pendant les deux jours que tonna le canon de Wattignies.

Le général Chancel (qui n'était peut-être pas le vrai coupable), envoyé au tribunal révolutionnaire, paya cette inaction de sa tête; mais Carnot ne l'accusa pas.

Un ordre de destitution et d'arrestation fut lancé le 17 nivôse an II (6 janvier 94) contre Jourdan. Carnot, convaincu du patriotisme de cet intrépide général et de la fausseté des rapports qui avaient provoqué son arrestation, fit immédiatement révoquer cet ordre. Il manda Jourdan à Paris, le mit en retraite momentanée pour le soustraire à ses ennemis et lui donna peu après le commandement en chef de l'armée de la Moselle.

Il sauva le marquis de Montalembert, inventeur de la fortification perpendiculaire, en obtenant de la Convention un décret et du Comité de Salut public un arrêté qui lui ordonnaient de continuer ses travaux sur l'artillerie et les fortifications. Et le marquis suspect rendit des services à la République.

Il sauva la vie à l'ingénieur d'Arçon, à l'officier d'artillerie d'Obenheim, à Marescot, inscrit sur la liste des émigrés alors qu'il se battait aux frontières. C'est ce brave Marescot qui devait être plus tard, en 1800, si utile à Bonaparte pour frayer à l'armée d'Italie un passage à travers les Alpes. Il préserva encore un grand nombre de ses anciens collègues du génie, en les prenant comme petits employés dans ses bureaux.

Il sauva Hoche « avec beaucoup de peine », dit-il lui-même, et il le fit mettre en liberté aussitôt après le 9 thermidor. Il sauva Bonaparte (accusé sans raison par le représentant Maignet, à Marseille), en l'envoyant sur-le-champ à Cette pour y organiser l'armée des côtes, ne lui donnant pas le temps d'arriver à Paris où il eût été en danger.

Citons encore un dernier trait de sa générosité. Duquesnoy, le représentant du peuple, collègue de Carnot à l'armée du Nord, et qui se battit comme lui avec une indomptable vaillance sur les coteaux de Wattignies, âme bouillante, ardent révolutionnaire, quelque peu exalté, voyait des traîtres à peu près partout. Il vint même un jour au Comité pour accuser Carnot. Il lui reprochait « d'avoir introduit le modérantisme dans l'armée, refusé son adhésion à la mort des Girondins, et sa signature à l'arrestation d'O'Moran, etc. ».

Carnot, qui raconte lui-même cet incident, ne nomme pas son accusateur.

« Les membres du Comité[1], dit-il, se retirèrent dans une salle voisine pour délibérer, laissant en tête-à-tête Carnot et son accusateur. Lorsqu'ils rentrèrent, Robespierre, qui nourrissait personnellement contre Carnot une haine mortelle, parla au nom du Comité. Il déclara que le Comité n'avait rien trouvé de répréhensible dans la conduite du commissaire à l'armée du Nord, et que les dénonciations portées contre lui étaient l'effet d'un *excès de zèle*. Carnot fut alors prendre dans son armoire un carton qu'il déposa sur le bureau, et dont il tira des pièces, les unes manuscrites, les autres imprimées, qui contenaient les preuves de dilapidations commises à l'armée du Nord, en présence et sous l'autorisation, au moins tacite, des hommes qui venaient de se rendre ses accusateurs. Le dénonciateur de Carnot fut frappé comme d'un coup de foudre; des larmes jaillirent de ses yeux, et le Comité demeura interdit... Quand les faits ne purent être contestés par personne, Carnot ramassa tous les papiers et les jeta au feu. Son accusateur vint l'em-

---

1. *Mémoires de Carnot*, par son fils. t. Ier, 2e partie, pag. 413 et suiv.

brasser avec transport et lui jura un attachement auquel il est demeuré fidèle jusqu'à la mort. »

Cependant à ce moment, Robespierre, débarrassé de la clémence de Danton et de la fureur d'Hébert, avait tout en main : justice, police, Commune et Convention. Esprit jaloux et soupçonneux, armé de Couthon et de Saint-Just, ces inflexibles génies de la *Terreur*, il était l'« *incorruptible* », l'épurateur de la société, l'éternel dénonciateur, souverain pontife de la guillotine.

Il avait jeté la France dans une maladie effroyable, celle de tout suspecter et de ne voir partout que des traîtres, et il trouvait toujours, dans la Plaine glacée de peur, l'appoint d'une majorité pour voter un arrêt de mort. Par ses discours emphatiques, par une tactique sourde et hypocrite que les plus indulgents de ses amis ont blâmée, il semblait monter lentement à la dictature. — « Je ne vois plus personne pour sauver la patrie, » disait-il tout haut; et ses familiers ne manquaient pas de lui répondre : « Toi seul en es capable! » Mais, pour en arriver là, il lui restait à renverser le Comité de Salut public, qui avait accepté la dictature collective, pour défendre la République, mais qui s'opposerait à toute dictature personnelle, jusqu'à la mort!

Et parmi les membres du Comité, l'un des plus grands obstacles aux projets de Robespierre, c'était Carnot, c'était ce travailleur infatigable, toujours plongé dans ses calculs, combinant ses mouvements de troupes, écrasant partout l'ennemi, redoutable par son impassibilité même.

« Que ne donnerais-je pour être soldat! » disait souvent Robespierre. N'étant pas soldat, et ne pouvant faire servir à son ambition le prestige des victoires, il avait une défiance extrême des généraux, et c'était sans doute pour préparer plus sûrement la perte de Carnot qu'il se refusait obstinément, dans les derniers temps, à signer les ordres destinés aux armées. Parfois, au Comité, debout devant la table où travaillait

ROBESPIERRE.

Carnot, les poings serrés sur les cartes et les plans, les lèvres pincées, on l'entendit murmurer : « Tu es bien heureux de voir clair dans ces paperasses, toi! » « Carnot savait, dit Michelet, qu'il était couché sur les listes de Robespierre en lettres sanglantes, avec tous les députés militaires : Merlin, Dubois-Crancé, etc.; mais, « le grand courage de Carnot ne fléchit jamais devant le despotisme de Robespierre [1] ».

Robespierre avait dit une fois à Carnot : « Je t'attends

1. Thiers, *Histoire de la Révolution.*

lé à la première déroute ! » Mais Carnot gagnait victoires sur victoires. Un autre jour, au commencement de floréal, au milieu d'une vive discussion, Saint-Just lui dit à son tour : « Sache qu'il me suffirait d'une ligne pour te faire guillotiner ! » — « Je t'y invite, répondit-il froidement, je ne te crains pas, ni toi, ni tes amis. Vous êtes des dictateurs ridicules. » Saint-Just exaspéré criait : « Empoignez cet homme, jetez-le dehors. » C'était l'arrêt de mort de Carnot. Personne ne bougea. Carnot, regardant fixement Saint-Just, lui dit avec un terrible sang-froid : — « Tu sortiras d'ici avant moi, toi, Saint-Just. » Puis se retournant du côté de Robespierre et de Couthon : — « Triumvirs, ajouta-t-il, vous disparaîtrez. »

Pour donner à son autorité une sorte de consécration divine, Robespierre décida la Convention à lui faire cortège pendant la *fête de l'Être suprême*, qu'il célébra le 20 prairial (le 8 juin 1794) avec une solennité toute pontificale. Enfin, le surlendemain, pour vaincre les dernières résistances, pour se débarrasser des hommes courageux qui osaient le braver, il fit proposer par Couthon la loi du 22 prairial. Cette loi barbare faisait de Robespierre un Sylla servi par des juges esclaves. Le tribunal révolutionnaire, devenant un instrument de proscription universelle à ses ordres, ne devait plus prononcer qu'une seule peine, la mort. Instruction, témoins, avocats étaient supprimés. Il voulut même enlever à la Convention sa dernière sauvegarde, le droit de traduire ses propres membres en justice, pour attribuer ce droit aux Comités de sûreté et de police où il préparait lui-même, avec Couthon et Saint-Just, les mises en accusation. Ce dernier article, voté séance tenante avec le reste, fut heureusement rapporté le lendemain, et Robespierre, privé de cette arme redou-

table, resta dans l'impossibilité d'obtenir le seul résultat
qu'il s'était peut-être proposé, la destruction totale de
ses adversaires. Cependant, cette loi ayant été votée
et maintenue dans ses autres articles, Carnot déclara
que désormais il ne signerait plus aucune pièce venant
du bureau de police « pourvoyeur de guillotine ». Il
tint parole et ne signa pas les ordres d'arrestation
des 2, 3, 4, 5, 6 et 7 thermidor. Alors, Robespierre
lança Saint-Just contre lui, et d'orageuses discussions s'élevèrent au sein
du Comité.

Combien Carnot souffrait de ces
querelles sanglantes ! Républicain
convaincu, mais intègre, il défendait
la République tout entière et les
républicains sans distinction de parti. — « Je ne suis d'aucun parti, »
disait-il, entendant par là d'aucune
faction, d'aucune coterie ; car il était
bien d'un parti, du parti révolutionnaire, du grand parti du patriotisme,
tout consacré au salut de la France,
tout pénétré de l'âpre désir de fonder
une République indestructible. Il
demeura obstinément attaché à la

UN GEOLIER.

Convention nationale, seule légitime autorité à qu'
il reconnût le droit de commander et d'être obéi.
L'esprit de secte lui était si odieux, il désirait à tel point
l'union parmi les membres du Gouvernement, qu'un
jour, il alla jusqu'à offrir la direction de la Guerre à
Saint-Just, disant simplement que s'il était un obstacle
à cette concorde tant désirable, il se retirerait du Comité
de Salut public et qu'il s'en irait, comme autrefois
aux frontières, combattre, en représentant du peuple,

aux armées, ou en simple soldat. Saint-Just refusa.

Ayant tué la royauté avec les Feuillants, la République fédérale avec les Girondins, la République démocratique avec Danton, la République socialiste avec Hébert, son propre parti avec les Jacobins, qu'il *épurait* sans cesse, Robespierre restait seul devant la nation épouvantée.

Le moment décisif approchait.

Depuis quelque temps, on ne voyait plus Robespierre ni à la Convention, ni au Comité. « Il s'était retranché, dit Prieur, dans le club des Jacobins comme dans une forteresse, » préparant un coup terrible.

Le 8 thermidor, il reparut à la tribune. Il se défendit avec éloquence d'aspirer à la dictature. Dans un discours habile et très étudié, il fit sa propre apologie, se présenta comme l'homme indispensable de la Révolution, se plaignit d'être en butte aux calomnies de tous les partis, menaça ses ennemis par des allusions vagues, selon son habitude, et conclut en attaquant toutefois indirectement deux membres du Comité, Cambon et Carnot. Eux seuls étaient clairement désignés; mais, tout le monde se sentait menacé et, cette fois, tout le monde résista. La Montagne était résolue à ne pas se laisser écraser.

Il sortit de l'Assemblée, déclarant « qu'il n'attendait plus rien de la Montagne », et, le soir, il relut son discours aux Jacobins. « C'est mon testament de mort, » leur dit-il. Billaud-Varennes et Collot d'Herbois, membres du Comité de Salut public, présents à cette séance, furent injuriés et menacés de mort. Le club adopta la motion de dissoudre la Convention. Robespierre pouvait, s'appuyant sur les Jacobins, la Commune et les sections, vaincre du même coup Assemblée et Comité, en faisant appel à l'insurrection. Il n'y avait pas une

minute à perdre. Billaud et Collot sortirent précipitamment du club, et se rendirent en toute hâte au Comité.
On y travaillait comme de coutume, le couteau de la
guillotine sur la tête, dans le plus grand calme.

« Ce soir-là, raconte Prieur, plusieurs membres du
Comité se trouvaient réunis dans notre salle des délibérations. Saint-Just écrivait sur une table isolée. Carnot,
toujours à son affaire, étudiait des plans. Le silence
régnait. Il était minuit passé. Tout à coup entre Collot
d'Herbois fort agité... Nous l'assiégeâmes de questions..
Saint-Just, sans lever la tête, lui demanda froidement ::
« Qu'y a-t-il de nouveau aux Jacobins? » Collot arpen-
ta deux ou trois fois la salle à grands pas, sans répondre; puis, s'arrêtant brusquement devant Saint-Just et
lui saisissant le bras avec force : — « Tu rédiges notre
« acte d'accusation, lui cria-t-il de sa voix de tonnerre. »«
Saint-Just balbutia et voulut retirer ses papiers. —
« Ces ruses sont inutiles, poursuivit Collot, tu rédiges
« notre acte d'accusation. » Saint-Just alors se releva
avec audace : — « Eh bien, oui, dit-il, tu ne te trompes
« pas, Collot, j'écris ton acte d'accusation; » puis, se
tournant vers Carnot : « Tu n'y es pas oublié non
« plus, toi, Carnot, et tu t'y verras traité de main de
« maître. » Carnot se contenta de hausser les épaules.....
Saint-Just nous promit de nous donner lecture de son
travail avant la séance de l'Assemblée et de le suppri-
mer même si nous le voulions.. Vers cinq heures du
matin, Saint-Just sortit... Vers midi, un huissier vint apporter une lettre de Saint-Just qui contenait ces mots :
« L'injustice a fermé mon cœur, je vais l'ouvrir tout
« entier à la Convention nationale. » L'huissier nous
annonça en même temps que notre accusateur, infidèle
à sa promesse, commençait sa lecture. Nous nous ren-
dimes aussitôt dans le sein de la Convention. A notre

rentrée, les tribunes battirent des mains. Ce témoignage d'approbation, qu'elles prodiguaient ordinairement à Robespierre, nous fut d'un bon augure. »

On sait comment ce jour-là, 9 thermidor, an II (27 juillet 1794), la Convention, au milieu d'un indescriptible tumulte, abandonna Robespierre et ordonna son arrestation. On sait de quelle manière il fut délivré, comment il refusa le secours de l'insurrection, comment il mourut, vingt-quatre heures après, avec Lebas, Couthon, Saint-Just, son frère, ses amis et ses partisans, sur la place de la Révolution.

Un sentiment d'universelle stupeur avait succédé à la mort de Danton, et Robespierre sentait bien que ce régime d'épouvante ne pouvait plus durer. On a dit qu'il voulait rester seul maître pour diriger la Révolution et arrêter la Terreur. Ce point restera une énigme, car Robespierre lui-même, à ses derniers moments, fut une énigme. Il refusa de recourir aux voies illégales, Il ne traça que les trois premières lettres de son nom sur l'appel à l'insurrection, refusant de signer, soumis tout à coup à ce décret de la Convention qui le condamne, comme pétrifié par l'image de la loi subitement apparue. Il resta tout un jour et toute une nuit au milieu d'horribles souffrances et d'horribles outrages, Il souffrit tout ce qu'un homme peut souffrir, sans prononcer une syllabe, sans desserrer les dents, emportant son secret dans la mort.

Pour l'opinion publique, Robespierre personnifiait la Terreur, il sembla aux républicains qui l'avaient renversé, persuadés qu'il trahissait la cause du peuple, que cette journée du 9 thermidor serait le salut de la République, et qu'elle ouvrirait à la France une ère nouvelle toute de calme et d'union. Les ennemis de la République profitèrent, au contraire, de cette détente

pour donner le signal d'une réaction implacable. Alors
commença l'assassinat des patriotes et une autre terreur :
la *Terreur blanche*.

Le lendemain, Thermidoriens et Montagnards se
trouvaient en présence.

Les Montagnards, ces fermes soutiens de la République, désormais isolés et sombres, mais non découragés,
vont voir, derrière celui qu'ils appelaient « l'Idole », se
dresser les Thermidoriens, ces royalistes déguisés, ces
hommes de la plaine indécise et tremblante, ces anciens Girondins revenus triomphants, pleins de haine
et d'amertume, tous ceux-là qui ont crié grâce avec
eux, disant que le sang leur faisait horreur, tous ceux-
là enfin, qui aujourd'hui seuls maîtres, au lieu d'appliquer la doctrine de pitié dont ils se font gloire, au lieu
de se réconcilier par l'oubli, au lieu de fortifier cette
Convention nationale encore si redoutable, qui a sauvé
la France et peut sauver la République, n'auront ni
trêve ni repos qu'ils ne se soient débarrassés à tout
jamais de leurs adversaires, eux, les Montagnards,
« géants taillés dans le granit », qu'Edgar Quinet appelle
les « *derniers Romains* ».

Ainsi, devant cette tribune où se sont éteintes tant de
voix éloquentes ou terribles, devant cet échafaud où
tant de grands hommes sont morts, la Révolution et la
réaction se trouvaient tout à coup face à face.

CHAPITRE VIII

1794-1795

Robert Lindet, Prieur et Carnot, désignés par le sort, selon la loi, sortirent ensemble du Comité de Salut public le 15 vendémiaire an III (6 octobre 1794). Après l'intervalle légal d'un mois, Carnot seul fut réélu au Comité, le 15 brumaire suivant (5 novembre 1294).

Après les triomphes si rapidement obtenus sur les ennemis de la République, la Prusse, la Hollande, l'Espagne, effrayées, abandonnèrent la coalition et demandèrent la paix.

Carnot prit une part active aux négociations entre la France et ces trois puissances.

Il caractérisa la situation, devant l'Assemblée, par une expression pittoresque restée célèbre : « Coupez les ongles au Léopard, dit-il ; abattez au moins une des deux têtes de l'Aigle, si vous voulez que le Coq puisse dormir tranquille. »

C'est-à-dire, enlevez à l'Angleterre la Hollande son alliée, à l'Autriche la Belgique, et donnez à la France nouvelle la frontière de l'ancienne Gaule, la Meuse et le Rhin.

La Belgique, par un vote unanime, avait demandé
son annexion à la France. Elle fut réunie, en effet, à son
territoire. La Convention décréta l'indépendance de la
Hollande. L'Espagne, le Portugal, les États de l'Église,
la Saxe, les deux Hesses, le Hanovre déposèrent les
armes.

Carnot avait vaincu les rois coalisés et le drapeau
tricolore flottait maintenant des bords du Rhin à ceux
de l'Èbre. Sa tâche était accomplie. La réaction ame-
nait aux affaires des hommes nouveaux, au caractère
intrigant, bas et vil, pour lesquels il ne pouvait avoir
que du mépris. Il refusa de marcher avec eux et quitta
ce Comité de Salut public, devenu le Comité de gouvernement, où son génie avait accompli de si grandes
choses.

C'était le 15 ventôse an III (5 mars 1795). Ses amis
de la Convention voulaient le réélire encore. Le danger
était passé. Il refusa.

Dubois-Crancé le remplaça d'abord et sut ne pas
être inférieur à sa tâche; mais bientôt, Dubois-Crancé,
qui avait du mérite, dut céder sa place à Aubry,
qui n'en avait pas. Cet Aubry, ennemi acharné de la
République, fat de la plus notoire incapacité, commença par se nommer lui-même général de division,
trouvant sans doute son grade de capitaine d'artillerie
insuffisant pour les fonctions qu'avait remplies Carnot,
avec le grade de capitaine de génie; puis il mit en dispo-
nibilité, comme trop Jacobin, Bonaparte, nommé récem-
ment général de brigade pour ses services à Toulon,
chassa de ses bureaux les officiers patriotes et les remplaça par des royalistes qui s'étaient cachés pendant les
deux années terribles. Enfin, il trouva au Comité, dans
le bureau de Carnot, des notes précieuses sur le
passage éventuel du Rhin, les opérations des armées de

Sambre-et-Meuse, du Rhin et de la Moselle. Quand les hostilités reprirent contre l'Autriche, il ne sut même pas s'en servir, et l'expédition échoua.

Aubry, après de si beaux exploits, fut remplacé par Le Tourneur (de la Manche). C'était un ami et un ancien employé de Carnot. Le Tourneur s'empressa d'appeler son ancien maître à son secours.

Carnot, toujours dévoué et modeste, consentit à rentrer, commis subalterne, dans l'administration de la guerre où, quelques mois avant, il commandait en chef. En réalité, ce fut lui qui dirigea tout, il répara de son mieux les fautes commises, et bientôt, grâce à lui, Jourdan eut une armée en état de franchir le Rhin et de commencer la campagne d'Allemagne (juin 1796).

Mais, tandis que Carnot travaillait ainsi pour en finir avec l'Autriche, la réaction commencée au lendemain du 9 thermidor marchait vite, lâche, cruelle, s'attaquant aux hommes qui avaient illustré la République et que la tempête révolutionnaire avait laissés debout. Des massacres horribles ensanglantaient le Midi, les républicains étaient traqués comme des bêtes fauves et la République semblait perdue.

Fermement attaché à la Constitution, adversaire déclaré de Robespierre, qu'il regardait comme un futur dictateur, mais apercevant derrière les thermidoriens les ennemis de la Révolution prêts à écraser les Jacobins et à étouffer la République, Carnot entreprit de la défendre, et jeta à la Convention ce cri d'alarme : « Dépositaires de la volonté du peuple, dépositaires de la République, déclarez que vous la conserverez dans toute sa plénitude, que vous ne souffrirez jamais que ce dépôt sacré soit violé, que vous ne permettrez pas que ce qui a été confié à votre garde par le peuple soit usurpé..... Soyez seuls son point de ralliement ! »

Mais ces paroles de conciliation pouvaient-elles être entendues au moment où les *Compagnies du soleil* et de *Jéhu* tuaient, avec d'horribles raffinements de cruauté, les républicains à Lyon, à Marseille, à Aix, à Tarascon, sous les yeux impassibles ou même au milieu des paroles d'encouragement des commissaires de l'Assemblée, les Boisset, les Cadroy, les Chambon, les Isnard ; au moment où les prisons regorgeaient de patriotes, dans ce mois de floréal où la Convention affolée envoyait en exil et à la mort plus de représentants que n'en avait tué la Terreur ?

Des renégats de la Révolution, de vils aboyeurs, devenus chefs de *la jeunesse dorée*, attaquaient les Montagnards avec furie. L'un deux, Fréron, rédacteur de *l'Orateur du peuple*, se distinguait entre tous par une perfidie et un acharnement atroces. Il poursuivait continuellement Carnot d'injures grossières. Carnot, lassé de ses diatribes envenimées, sortit un jour de son calme habituel et, accompagné de Duquesnoy, son plus fidèle ami (depuis la scène qu'il nous a lui-même racontée), se rendit chez ce journaliste et lui proposa un duel. Fréron refusa. Duquesnoy, rouge de colère, allait lui faire un mauvais parti. Carnot le retint, et, se retournant du côté de son ennemi, lui dit simplement : « Eh bien, lâche, soyez averti que, si vous recommencez, ce sera avec un bâton que je vous répondrai. » Le favori des *muscadins* se le tint pour dit.

Sieyès, qui pendant cinq années s'était renfermé dans un silence « aussi absolu que prudent », recouvra tout à coup l'usage de la parole pour demander « la réparation de l'outrage fait à la représentation nationale, la réintégration des députés proscrits ». La demande fut adoptée, et les Girondins rentrèrent, se vantant d'avoir pris les armes, d'avoir allumé la guerre civile, criant vengeance ; l'un deux, Louvet, proposa même de déclarer que « les départements insurgés en 93 avaient bien mérité de la patrie ».

La Convention expirante eut encore la force de s'effrayer d'une telle audace ; mais la contre-révolution, renforcée par de nouvelles recrues, n'en attaqua pas moins avec un furieux acharnement les chefs montagnards. Chaque jour, une injure, une menace de mort leur était lancée à la face.

Enfin, le 12 vendémiaire an III, les anciens membres du Comité de Salut public, Billaud-Varennes, Collot-d'Herbois, Barère et Vadier, furent dénoncés, avec d'autres représentants, comme « complices de Robespierre, responsables des excès de la Terreur ». Ils se défendirent et en appelèrent au témoignage de Carnot.

« Les accusés, dit Carnot, ont réclamé mon témoignage ; il faudrait être un lâche pour le leur refuser. Je déclare que tout ce qu'ont dit mes collègues est de la plus exacte vérité. J'ai assisté à toutes les délibérations du Comité de Salut public ; il est faux, comme on l'a avancé, que j'aie été relégué dans mon bureau. » (Applaudissements.)

« La preuve que j'avais confiance en eux, c'est que j'ai signé plusieurs fois ce qu'ils me présentaient, sans le lire... Lorsque Robespierre s'est totalement déclaré, je les ai engagés à ne pas signer les arrêtés de police générale qu'il nous présenterait, et ils furent de mon avis.

« Voilà, citoyens, ce que j'avais à dire ; s'ils m'ont trompé, je l'ignore. Mais, ayant toujours délibéré avec eux, je déclare que je ne m'en séparerai point ! »

De vifs applaudissements accueillirent ces paroles encourageuses et, pour cette fois, les anciens membres du Comité de Salut public furent sauvés. Mais ce devait être pour bien peu de temps.

Quelques jours après, revenant à la charge, plus furieuse, la réaction implacable, qui maintenant emportait tout, reprit la dénonciation avec une violence inouïe. Décrétés d'accusation, Billaud, Collot, Barère et Vadier descendirent à la barre.

Alors, Lindet, Prieur, Carnot, ces hommes irréprochables qu'on n'osait pas condamner avec eux, se levèrent, revendiquant fièrement leur part.

Lindet s'avança le premier, monta à la tribune et dit : « Puisque vous voulez juger le gouvernement, il faut le juger dans son intégrité ; j'en ai été membre, j'appelle sur ma tête la responsabilité que je dois partager avec eux, puisque j'ai partagé leurs opérations. » Puis il fit un tableau saisissant de la tâche surhumaine, des services immenses, de la prévoyance, de la vigueur, de la rigueur nécessaire du Comité, montrant que, si certains actes reprochés étaient des excès, ils avaient été provoqués, dans le feu d'une lutte désespérée, par une patriotique fureur.

Carnot vint ensuite. Sans examiner la valeur personnelle des accusés, il défendit avec éloquence l'honneur du gouvernement qu'il avait partagé avec eux. Il montra que ce que les royalistes poursuivaient de leur haine, c'était la République, la Convention qui avait approuvé ses délégués, la France qui les avait soutenus.

« Il m'appartient à moi, dit-il, de justifier le Comité de Salut public, à moi qui osai le premier attaquer Robespierre et Saint-Just. » (Et il aurait pu ajouter, dit Thiers, moi qui osai les attaquer lorsque vous respectiez leurs moindres ordres et que vous décrétiez à leur gré tous les supplices qu'ils vous demandaient.)

Puis, il expliqua pourquoi les signatures de ses collè-

gues, même les plus étrangers aux luttes politiques, se
trouvaient, comme la sienne, apposées aux ordres de la
Terreur : « Accablés de soins immenses, ayant jusqu'à
trois et quatre cents affaires par jour, n'ayant pas souvent le temps d'aller manger, nous étions convenus de
nous prêter les signatures. Nous signions une multitude
de pièces sans les lire. Je signais des mises en accusa-

13 VENDÉMIAIRE.

tion, et mes collègues signaient des ordres de mouvement, des plans d'attaque, sans que, ni les uns ni les
autres, nous eussions le temps de nous en expliquer.
La nécessité de cette œuvre immense avait exigé cette
dictature individuelle qu'on s'était réciproquement
accordée à chacun. Jamais sans cela le travail n'eût
été achevé. L'ordre d'arrêter l'un de mes meilleurs
employés à la guerre, ordre pour lequel j'attaquai
Saint-Just et Robespierre et les dénonçai comme des
usurpateurs, cet ordre, je l'avais signé sans le savoir.
Ainsi notre signature ne prouve rien et ne peut nulle-

ment devenir la preuve de notre participation aux actes reprochés à l'ancien gouvernement. »

Enfin, il s'efforça de justifier ses collègues accusés et termina ainsi :

« J'ai combattu souvent les prévenus lorsque tout fléchissait devant eux, je les défendrai maintenant que chacun les accable !... La Convention a approuvé les actes du gouvernement révolutionnaire, elle n'a pas à y revenir. Si elle condamne ses délégués au Comité de Salut public, elle se condamne elle-même.... Les veilles, les fatigues indicibles pour sauver la République n'entreront-elles jamais en compensation des erreurs qu'on a pu commettre ? Sont-ce des circonstances ordinaires que celles où s'est trouvée la France, ou plutôt, y en eut-il jamais de pareilles dans l'histoire des nations ?

« Un seul fait répondra, ce me semble, pour les prévenus, à toutes les inculpations : la France était aux abois lorsqu'ils sont entrés au Comité de Salut public..., elle était sauvée quand ils en sont sortis !

« Serrez-vous, citoyens, il en est temps, pour résister à nos ennemis communs ; cessez de vous mutiler vousmêmes pour complaire à des furieux qui n'attendent que ce dernier déchirement de la République pour relever le trône sur ses sanglants débris[1]!... »

Ces admirables paroles ne furent pas écoutées, pas plus que ne l'avaient été celles de Robert Lindet, pas plus que le furent celles de Prieur de la Côte-d'Or, qui parla brièvement, mais énergiquement dans le même sens. Leur éloquence et leurs vertus ne sauvèrent pas leurs collègues.

On était au 12 germinal (1ᵉʳ avril). Le peuple, mou-

---

1. *Moniteur* de l'an IV. Séance du 3 germinal.

rant de faim, exaspéré par la misère, irrité par les royalistes, se rua ce jour-là sur l'Assemblée en réclamant du pain à grands cris.

L'émeute fut repoussée. Mais, profitant avec empressement de cette occasion pour raviver la peur de l'Assemblée, la réaction lui arracha séance tenante l'arrestation et l'emprisonnement de dix-sept Montagnards, et la déportation *sans jugement* des anciens membres du Comité de Salut public, Billaud, Collot, Vadier et Barère.

Mais le mouvement populaire qui avait échoué le 12 germinal revint plus formidable quelques semaines après, le 1er prairial (le 20 mai). La Convention fut envahie, et au milieu d'un affreux tumulte les députés de tous les partis furent insultés, frappés, l'un deux fut mis à mort. Les Montagnards firent des efforts désespérés, pour calmer cette tourbe bouillonnante à qui la misère et la faim faisaient perdre toute humanité et, par leur énergie, ils sauvèrent la représentation nationale d'un horrible massacre.

Quand le danger fut passé, six députés montagnards, coupables d'avoir jeté des paroles de fraternité au milieu des clameurs de l'insurrection et calmé l'émeute pendant cette terrible séance où le président Boissy-d'Anglas se découvrit devant la tête sanglante de Féraud, sont accusés « d'avoir conspiré la chute de la République et pactisé avec le peuple ». Avec une ingratitude cruelle, l'Assemblée, qu'ils ont couverte de leurs poitrines et de leur popularité, les décrète d'accusation et refuse de les juger.

Ces six conventionnels, c'étaient « les derniers Romains », c'étaient Goujon, Duroy, Romme, Duquesnoy, Bourbotte, Soubrany, tous remarquables par leur science, leur courage, leur patriotisme ; intègres républicains, étrangers aux excès de la Terreur, mais attachés avec opiniâtreté aux Jacobins par horreur de la réaction.

Ils furent condamnés à mort.

L'exécution devait avoir lieu immédiatement. En sortant, pour marcher à la mort, du tribunal, sorte de conseil de guerre qui n'avait pas écouté leur défense, ils se frappèrent tous. Bourbotte se frappa le premier, devant la foule, avec une lame courte et solide. Goujon s'enfonça dans le sein gauche un couteau qu'il tenait caché sous son habit ; Romme, arrachant ce couteau de la poitrine de Goujon, se le plongea dans le cœur et le tendit à Duquesnoy qui s'en frappa furieusement. Duroy le prit des mains crispées de Duquesnoy, s'en perça la poitrine, et le tendit, mourant, à Soubrany. Ils avaient fait le solennel serment de ne pas tomber vivants sous les insultes de leurs ennemis. Ils avaient tenu parole. Tous les six s'étaient frappés au cœur. Duquesnoy, Romme, Goujon étaient morts. Les autres, on les traîna, sanglants, à l'échafaud. Soubrany expira en route. Duroy et Bourbotte seuls arrivèrent vivants. Duroy cria : « Unissez-vous tous !... embrassez-vous tous...!!. c'est le seul moyen de sauver la République. » Bourbotte cria: « Vive la République ! je désire qu'elle prospère... ! »

Il était deux heures de l'après-midi, c'était le 29 prairial an III, le mercredi 17 juin 1795.

Malgré ces horribles cruautés, malgré ces lâches vengeances, le drapeau de la République était encore tenu, haut et ferme, par un petit groupe d'hommes intrépides, débris de cette puissante *Montagne* qui avait fait trembler le monde. Il s'agissait de l'abattre. Chaque jour, à chaque séance, on décrète l'arrestation de sept ou huit députés. C'est la voix des Lehardy, c'est la voix des Larivière qu'on entend crier, six jours durant : « Il existe encore *un monstre* dans votre sein, c'est Robert Lindet. » — « Il y a encore des *assassins parmi vous*, c'est ce qui reste de l'ancien Comité[1]. »

Un jour, en prairial, ces voix s'élevèrent plus implacables, plus furieuses que jamais.

Cette fois, elles triomphèrent.

David, Lacoste, Bernard de Saintes, Laviconterie, Jean-Bon-Saint-André, le créateur de la marine, Robert Lindet, l'homme sans tache, le probe, le laborieux Robert Lindet, qui avait fait des prodiges pour nourrir nos armées, furent décrétés d'accusation.

Mais, ce n'est pas tout, la réaction devait avoir toutes les audaces et toutes les hontes. Cette rage, qui ne s'était arrêtée ni devant Saint-André, ni devant Lindet, ne s'arrêta pas même devant Carnot. On demanda, on osa demander son arrestation. Au nom de Carnot, un frémissement parcourut l'Assemblée, mais la réaction était si formidable que personne ne bougea.

Il semblait perdu.

Tout à coup, au milieu de ce silence plein d'anxiété, une voix indignée, vibrante, s'écrie :

« Oserez-vous mettre la main sur l'organisateur de la victoire ? »

Les applaudissements, les acclamations retentissent.

Carnot qui, impassible, descendait à la barre, s'arrête.

Un mot l'avait sauvé. Et ce cri était comme le cri de la patrie reconnaissante, il consacrait pour toujours la mémoire de ce grand citoyen, par un titre immortel

---

1. *Moniteur* et *Archives*, C W 2.

que la postérité a confirmé et que l'histoire lui conser-
vera[1].

Cependant, la majorité de l'Assemblée restait toujours attachée à la République. C'est dans ce sens que,
voulant mettre fin au gouvernement révolutionnaire,
elle prépara la Constitution républicaine de l'an III.

Cette constitution fut surtout l'œuvre de Daunou.
Carnot travailla aussi à son élaboration ; mais, il eût
voulu, d'après les principes qu'il considérait comme les
plus logiques, le maintien d'une partie de la Constitution de 93, une assemblée unique et un pouvoir
exécutif assez fort pour la défendre contre les dangers,
et résister aux attaques qui étaient alors dirigées
contre la République.

Son opinion ne prévalut pas. La Constitution établit
deux Chambres et un Directoire exécutif insuffisam-
ment armé. Les royalistes ne la repoussèrent pas abso-
lument. Ils comptaient sur une forte majorité aux
élections pour achever la contre-révolution. Ces espérances furent déjouées par les décrets des 5 et 13 fructidor qui exigèrent que les deux tiers du nouveau
Corps législatif fussent élus parmi les membres de la
Convention. Quand ces décrets furent proposés, Carnot les appuya énergiquement. « Il faut, disait-il, une
majorité assez puissante pour soutenir et faire triompher la République. Nous ne pouvons sans danger
confier le soin de la soutenir à une majorité étrangère
à sa fondation. »

1. On ne sait quel est le conventionnel qui prononça ces
paroles : Bourdon de l'Oise, disent les uns ; Lanjuinais, répon-
dent les autres. Ce serait donc un membre de la réaction qui
aurait le premier prononcé ce mot, si souvent répété depuis :
« organisateur de la victoire. » Quant au *Moniteur*, il ne nomme
personne. Il était trop dangereux de défendre un accusé pour se
déclarer, même après coup. Cri anonyme, donc cri de tous.

Les royalistes, qui voyaient ainsi leurs plans échouer, retentèrent une insurrection. Elle se brisa sous la mitraille de Bonaparte (13 vendémiaire an IV, 4 octobre 95).

La Convention, après avoir voté la Constitution nouvelle, proclama une amnistie générale, abolit la peine de mort et abdiqua ses pouvoirs. Le 4 brumaire, le président se leva et dit : « La Convention nationale déclare sa mission remplie et sa session terminée. »

Les cris de « Vive la République ! » couvrirent ces paroles.

Pendant toute la durée de cette Assemblée, il s'était agi de vie ou de mort pour la nation. Ses mesures furent terribles. Elle sévit sans pitié contre tous ceux qui tentèrent de compromettre la défense nationale. Entraînée par la lutte, elle dépassa quelquefois le but, et la fin de sa carrière est ensanglantée de représailles indignes d'elle ; mais elle a sauvé la France.

« Son souvenir est demeuré terrible ; mais, pour elle, il n'y a qu'un fait à alléguer, un seul, et tous les reproches tombent devant ce fait immense : elle nous a sauvés de l'invasion étrangère !...

« En repoussant l'invasion des rois conjurés contre notre République, la Convention a assuré à la Révolution une action non interrompue de trente années sur le sol de la France, et a donné à ses œuvres le temps de se consolider et d'acquérir cette force qui leur fait braver l'impuissante colère des ennemis de l'humanité ! » (Thiers.)

« La Convention fut toisée par les myopes, elle, faite pour être contemplée par les aigles.

« Aujourd'hui, elle est en perspective, et elle dessine sur le ciel profond, dans un lointain serein et tragique, l'immense profil de la Révolution française ! » (Victor Hugo, *Quatrevingt-Treize*.)

CHAPITRE IX

1795-1797

CARNOT DIRECTEUR DE LA RÉPUBLIQUE. — CAMPAGNES DE 1796 ET
DE 1797. — MORT DE MARCEAU. — MORT DE HOCHE. —
COUP D'ÉTAT DU 18 FRUCTIDOR. — PREMIER EXIL DE CARNOT.

Quatorze départements, aux élections de vendémiaire
an IV, envoyèrent Carnot siéger au Corps législatif.

Cette nomination attestait son immense popularité.
On voit rarement une telle manifestation d'estime. La
Sarthe lui ayant envoyé la première notification de
son élection, il opta pour ce département.

Il siégea au Conseil des anciens.

Les cinq Directeurs élus par les Anciens, sur une
liste de 50 candidats présentée par les Cinq-Cents, furent : Laréveillère-Lépaux, Rewbell, Sieyès, Le Tourneur et Barras.

Sieyès refusa. Carnot fut élu à sa place.

Le palais du Luxembourg fut choisi comme résidence
des Directeurs. Leur premier conseil s'y tint autour
d'une table boiteuse sur des chaises de paille qu'apporta le concierge. L'acte par lequel ils déclarèrent
constitué le nouveau gouvernement de la République
fut rédigé sur une feuille de papier à lettres. Et « l'État,
dit Mme de Staël, n'était pas plus en ordre que le
palais ».

Laréveillère fut chargé de l'intérieur et de la jus-

...tice; Rewbell, des affaires étrangères; Le Tourneur, de la marine; Barras, de la police ; le Conseil réuni se réserva les finances; Carnot fut chargé de la guerre.

Si Carnot acceptait d'être l'un des cinq Directeurs de la République, ce n'était pas qu'il trouvât parfaite la Constitution nouvelle. Il l'avait combattue sur divers points; mais, une fois adoptée par les représentants de la nation, il s'y soumit et la défendit sans réserve.

Ses services étant utiles à la République, il ne les lui marchanda pas.

La situation était désespérée. Le trésor était vide, les approvisionnements manquaient, les soldats désertaient, la Vendée recommençait ses dévastations, les exaltés de tous les partis conspiraient, le peuple mourait de faim et une apathie universelle avait succédé à la foi républicaine.

Si la Prusse, la Hollande et l'Espagne avaient abandonné la coalition, l'Angleterre, l'Autriche, la Bavière, la Sardaigne, les petits États d'Italie continuaient contre nous une guerre d'extermination. Jourdan, malgré sa ferme attitude, était rejeté en Alsace. Pichegru se laissait battre.

C'est dans ces tristes circonstances que Carnot reprit la direction de la guerre. Son premier acte fut le rappel de Pichegru qui, au lieu de soutenir Jourdan, conspirait à Strasbourg avec les royalistes, et exposait, isolées, deux de ses divisions, qu'il fit écraser successivement pour favoriser la jonction des ennemis. Sa trahison ne devait être connue que plus tard dans tous ses détails, après le 18 fructidor, par une révélation tardive de Moreau ; mais Carnot, sans soupçonner tant de fourberie, avait remarqué sa conduite équivoque et lui enleva à temps le commandement de l'armée du Rhin.

Aubry, « accusé d'avoir favorisé les opérations de l'ennemi, » avait été décrété d'accusation dans l'une des dernières séances de la Convention. Carnot réintégra les officiers que le caprice d'Aubry avait destitués et prit pour employés les hommes qui avaient déjà travaillé avec lui au Comité de Salut public.

Il rendit la confiance et l'entrain aux soldats par les récits et les proclamations de la *Défense de la patrie*, journal militaire qui fut rédigé sous son inspiration ; il donna une vive impulsion aux états-majors, rétablit la discipline et, par des prodiges d'activité, prépara tout pour la campagne de 1796.

Il maintint Jourdan à la tête de l'armée de Sambre-et-Meuse, envoya Moreau (qui commandait en Hollande) à l'armée du Rhin, à la place de Pichegru, et Bonaparte à l'armée d'Italie, à la place de Schérer.

Il avait en vain dans une lettre célèbre, en date du 30 nivôse an IV, tracé à Schérer la marche que Bonaparte devait suivre et bientôt dépasser avec une si extraordinaire vigueur.

Il eut beaucoup de peine à faire accepter par le Directoire, pour le commandement de l'armée d'Italie, Bonaparte qu'il appelait alors « son petit capitaine » et en qui il avait reconnu de hautes capacités militaires. On objectait son jeune âge, son grade de simple commandant d'artillerie et Carnot répondait : « Laissez faire, ce petit bonhomme est de première force et bien capable, comme il s'en vante, de culbuter l'Autriche en moins de six semaines. » Barras, qui avait d'abord combattu ce projet, finit, réflexion faite, par soutenir Carnot. Barras s'était adjoint Bonaparte le 13 vendémiaire, il l'avait vu à l'œuvre. Barras s'intéressait à Bonaparte parce qu'il voyait en lui l'homme qui pourrait un jour seconder ses projets ambitieux ; Carnot, parce qu'il en espérait des services pour le pays.

Bonaparte fut donc nommé par Carnot général en chef de l'armée d'Italie. On sait comment il la conduisit.

Carnot avait dit au Directoire : « Il nous faut accabler l'empereur d'Autriche et affranchir l'Italie ! » Aussi écrit-il à Bonaparte après Montenotte : « Recevez mes félicitations pour les brillantes journées de Montenotte et de Millesimo ; vos triomphes sont ceux de la liberté. Vous ne remplirez pas à demi la tâche glorieuse qui vous est imposée. »

Il ne cesse de lui parler de la patrie, de la République : « Espérez tout du génie de la République, de la bravoure du soldat, de l'union des chefs et de la confiance qu'on vous témoigne ; le Directoire attend tout du général qui commande l'intrépide armée d'Italie, et de la sainteté de la cause pour laquelle les Français combattent, et qu'ils n'abandonneront jamais. »

Il lui écrit le 7 mai, après Mondovi : « Gloire à tous les Français qui, par leurs victoires et leur belle conduite, contribuent à asseoir la République sur des bases inébranlables ! », et le 15 mai, après Lodi : « Que l'Italie ne voie dans ses vainqueurs que des républicains amis de l'ordre et dignes de l'admiration de tous les peuples. »

Son plus grand souci, après la victoire, c'est de protéger les sciences et les hommes qui s'y dévouent, les œuvres utiles à l'humanité, à quelque titre que ce soit ; — c'est de protéger les œuvres d'art (et non de les voler, comme fit plus tard Bonaparte).

Voici ce qu'il écrit à Bonaparte, ce même jour 15 mai 1796, jour où l'armée d'Italie entrait à Milan : « Le Directoire vous commande, général, d'accueillir et de visiter les savants et les artistes fameux des pays où vous êtes, et, lorsque vous vous serez emparé de Milan, d'honorer et de protéger particulièrement l'astronome Oriani, si connu par les services qu'il ne cesse de rendre aux sciences. Rendez compte au Directoire de ce que vous aurez fait pour lui donner des témoignages de l'intérêt et de l'estime que les Français ont toujours eus pour lui et pour lui prouver qu'ils savent allier à l'amour de la gloire et de la liberté celui des arts et des talents. » Il ajoute : « Le monastère du grand Saint-Bernard a attiré, citoyen général, l'attention du Directoire ; il a pensé qu'il devait concourir au maintien d'un établissement fondé en faveur de l'humanité, et dont les directeurs sont hospitaliers de toutes les nations. Il vous recommande de leur faire passer six mille livres numéraire, pour leur tenir lieu de secours qu'ils n'ont pu recevoir depuis longtemps. »

En suivant ces prescriptions de civisme et d'humanité que lui donnait avec tant de sollicitude l'âme généreuse de Carnot, Bonaparte s'en attribue avec soin tout le mérite et commence ainsi cette légende napoléonienne, qui pesa si longtemps et d'un poids si lourd sur les destinées de la France. En attendant, il se montre très sensible à l'intérêt que lui porte Carnot. Il lui répond en affectant un langage tout républicain : « Je mérite votre estime, citoyen Directeur ; j'ai adopté pour principe : *Tout à la patrie!* », et il ajoute qu'il ne recherche les triomphes — comme le lui avait ordonné le Directoire — que pour conquérir à la République l'affection des peuples et leur apporter les bienfaits de la liberté.

Plein de confiance en Bonaparte, Carnot le traita comme il traitait Hoche, en ami, presque en fils, lui laissant pleine liberté pour déployer ses merveilleux talents militaires : « Le Directoire, lui écrit-il, vous laisse la plus grande latitude, en vous recommandant la plus extrême prudence. »

Carnot avait conçu, pour la campagne de 96, un plan gigantesque, très hardi, mais aussi très dangereux si son exécution échouait.

L'armée d'Italie formait l'aile droite d'une ligne de bataille immense ayant pour centre l'armée du Rhin et pour aile gauche l'armée de Sambre-et-Meuse. Ces

UNE FORGE D'ARMES EN PLEIN AIR.

trois armées, n'en formant pour ainsi dire qu'une seule mais malheureusement séparée au centre par le massif montageux de la Suisse que Carnot ne veut pas occuper par respect pour l'indépendance d'une république amie), devaient, pour en finir et obtenir une paix générale, culbuter l'Autriche tout à la fois par la Lombardie et par l'Allemagne, en marchant simultanément vers un même but, sur Vienne, dernière forteresse de la coalition.

Tandis que l'armée d'Italie marchait de victoire en

victoire et arrivait au pied du Tyrol, Moreau, avec l'armée de Rhin-et-Moselle, avec Desaix et Saint-Cyr, passe le Rhin à Strasbourg, pousse les Autrichiens jusqu'à Neresheim sur le Danube et s'empare de Munich.

En même temps, Jourdan, avec l'armée de Sambre-et-Meuse, avec Kléber et Marceau, passe le Rhin à Neuwied et à Dusseldorf et occupe Francfort. Mais, arrivé là, au lieu de pousser vivement en avant, malgré les injonctions pressantes de Carnot, il s'arrête ; les Autrichiens fuient, lui échappent ; il se lance à leur poursuite, trop tard et trop loin, jusqu'en Bohême.

D'après les ordres de Carnot, il n'eût pas dû disjoindre sa droite de la gauche de Moreau, et au lieu de la dépasser, il eût dû marcher sur Ratisbonne, point, marqué pour la jonction définitive de son armée avec celle de Moreau. Ce dernier, arrivé à Munich, joignant son aile droite à l'armée d'Italie, qui aurait à ce moment achevé de tourner les Alpes, et son aile gauche à celle de Sambre-et-Meuse, devait former ainsi le centre d'une formidable masse, avec Bonaparte à droite et Jourdan à gauche, forte de 300,000 hommes d'excellentes troupes, pour emporter Vienne.

Les lenteurs de Jourdan aux environs de Francfort (lenteurs funestes qu'il reconnaît lui-même avec franchise dans ses *Mémoires*), les fautes ou plutôt la trop grande hardiesse de Moreau, firent échouer ce projet. Un auteur allemand qualifie le plan de Carnot de « colossal dans sa conception », et un témoin peu suspect, le généralissime ennemi, l'archiduc Charles, dit à ce propos : « Si les instructions de Carnot eussent été ponctuellement suivies, l'armée autrichienne eût été dispersée et la capitale de l'Empire aux mains des soldats de la République ! »

Au lieu de ce résultat, voici ce qui arriva : se déro-

bant subitement devant Moreau, l'archiduc Charles se
rabat sur Jourdan, qui vient de déboucher dans la
vallée du Danube, le repousse d'Amberg, de Wurtz-
bourg, le rejoint sur la Lahn où vient d'arriver Marceau,
le repousse d'Altenkirchen et le force à repasser le Rhin
(septembre 1796).

C'est pendant l'un de ces glorieux combats qui pro-
tégèrent la retraite de l'armée de Sambre-et-Meuse que
fut tué l'un de ses vaillants généraux, le jeune et brave
Marceau. C'était au défilé d'Altenkirchen. Chargé d'arrêter l'ennemi à tout prix pendant que l'armée passe-
rait, Marceau, sur une hauteur, disposait ses batteries.
Il allait à cheval, au petit pas, entre deux lignes de
tirailleurs, examinant les positions de l'ennemi. Près
de là, derrière une haie, un chasseur tyrolien le vit, le
mit en joue sans bruit et fit feu. La balle l'atteignit au
flanc gauche. Il tomba dans les bras de son escorte.
Mais il fallait continuer la retraite. Jourdan partit,
recommandant son jeune ami à la générosité de ses
ennemis. Le vieux général Kray, les yeux en pleurs,
vint presser d'une étreinte muette la main de Marceau.
L'archiduc Charles arriva à son tour. Devant le fier et
doux républicain, l'orgueilleux fils de l'Empereur s'in-
clina silencieux. Marceau expira. Il avait vingt-sept
ans. C'était le 21 septembre, au point du jour. L'ennemi
rendit le corps à Jourdan et une escorte de cavaliers
autrichiens en deuil le conduisit jusqu'aux avant-postes.

Cependant, grâce à la ferme attitude de Moreau, qui,
resté en flèche du côté de la Bohême, se replia et fit
une retraite superbe, la campagne qui venait d'échouer
n'était qu'ajournée dans ses résultats.

Pour réparer le plus vite possible les fautes qui
avaient été commises, Carnot envoya Hoche à l'armée
de Sambre-et-Meuse.

Au mois d'avril 1797, tandis que Desaix reprenait vigoureusement l'offensive avec l'armée du Rhin, refoulant les Autrichiens dans la Forêt-Noire, Hoche, à peine arrivé de la Vendée qu'il venait de pacifier, et quoique privé de sa meilleure division (celle de Bernadotte, envoyée en toute hâte pour renforcer Bonaparte), remportait de grands succès avec une rapidité extraordinaire à Neuwied, sur la Lahn, à Francfort-sur-le-Mein et jusque sur la Nidda. En quatre jours, il avait livré deux batailles, trois combats : c'étaient cinq victoires. Il s'enfonçait au pas de course en Allemagne, culbutant un ennemi épouvanté de la rapidité de ses coups ; les armées du Rhin et de Sambre-et-Meuse, enthousiasmées par la bravoure et l'habileté de leur chef, poursuivaient leur marche victorieuse sur Vienne, lorsqu'une nouvelle inattendue vint les arrêter brusquement. Sans consulter le Directoire, Bonaparte, à Léoben, avait signé un armistice avec l'Autriche.

Quoi qu'il en soit, en Allemagne et en Italie, la République était victorieuse. La France était encore une fois sauvée. Carnot sentait le grand besoin qu'elle avait de la paix. Des deux seules grandes ennemies qui lui restaient à combattre, l'Autriche et l'Angleterre, il lui semblait que l'une était assez vaincue par Hoche, Desaix et Bonaparte, l'autre assez épuisée par les efforts qu'elle avait faits pour soutenir la coalition ; il voulait vaincre les ennemis de la France par sa modération et sa générosité, comme il les avait vaincus par son épée et sa stratégie. Son génie militaire cédait à son génie réparateur. Il voulait terminer ces guerres civiles et étrangères, fermer les plaies de la patrie et donner la paix au monde.

Les victoires de la République assuraient le salut du pays. Pour lui, c'était assez. Il avait combattu pour de chasser l'ennemi du territoire national, non pour ces sanglantes victoires qui ne font qu'ajouter inutilement à la puissance éphémère de la nation ou à la gloire passagère de ceux qui la gouvernent.

Il voyait aussi avec douleur, dans les armées, le militarisme se substituer lentement au patriotisme, et cet esprit nouveau lui donnait de sombres pressentiments sur l'avenir de la République.

Si le prestige du Directoire était immense au dehors, ses forces allaient s'affaiblissant au dedans; des embarras sans nombre encombraient sa route, et ce n'était pas trop que toute son activité et toute sa vigilance pour les écarter.

Carnot pensait donc qu'il fallait renoncer aux conquêtes inutiles, renfermer la France dans ses limites naturelles qu'elle avait dépassées, les Pyrénées, les Alpes et le Rhin; fonder la paix sur la reconnaissance de la République par toutes les puissances de l'Europe et consacrer alors tous ses soins au développement régulier des principes proclamés par la Révolution.

Jamais l'heure n'eût été plus favorable. L'Europe vaincue demandait merci. La Prusse, la Hollande, l'Espagne avaient mis bas les armes depuis plus d'un an. La Sardaigne et Naples abandonnaient la coalition. Deux Bourbons régnants se concertaient avec le Directoire pour une action commune contre l'Angleterre. Le pape reconnaissait la République. L'empereur d'Autriche, ce fier héritier des Habsbourg, s'inclinait aussi devant la République française, lui offrant pour gage de paix de vastes territoires, qu'elle n'acceptait que pour leur donner la liberté. Londres enfin, Londres, l'opiniâtre ennemie, envoyait à Paris un ambassadeur extraordinaire pour présenter un traité de paix à la France.

Le moment était décisif, mais l'accord ne régnait pas

au sein du Directoire, et, malgré les efforts et les sages conseils de Carnot, le gouvernement ne sut pas saisir cet unique instant.

Des dix royaumes ligués contre nous, seule l'Angleterre restera en ligne ; mais elle sera un point d'appui où viendront se renouer sans cesse les coalitions. L'Autriche bientôt reviendra sur le Rhin et la Russie à son tour fera une menaçante et subite apparition dans les plaines de la Lombardie. Alors Carnot ne sera plus là, et il faudra encore des efforts inouïs, des luttes désespérées, il faudra les victoires de Brune et de Masséna pour protéger la France.

Carnot voulait donc la paix. Le Directoire était contre lui, mais la nation était avec lui. Ce fut le Directoire qui triompha. Et, en cette occasion, Carnot eut l'honneur d'être injurié par Barras qui le traita de « royaliste ». Les royalistes, il est vrai, demandaient aussi la paix, mais sans la désirer, la prolongation de la guerre étant pour eux le seul moyen d'affaiblir le pays et de ramener leur prince.

En 1800, Carnot reprendra cette idée d'une paix générale. Mais, en 1800, tout sera bien changé et il échouera devant l'insatiable esprit de conquête du premier Consul et contre la haine croissante de l'Europe.

Il est permis de croire que si Carnot eût réussi en 1797 à conclure une paix solide, avant que Bonaparte se fût emparé du pouvoir, la France n'eût jamais connu l'Empire, cette épopée inouïe, et qu'elle n'en eût jamais souffert.

Au lieu d'une paix universelle et durable, on eut celle de Campo-Formio. Quand Bonaparte signera ce traité, selon son bon plaisir, sans se soucier du Directoire, Carnot ne sera plus Directeur.

Pendant que s'achevait la campagne de 1796-97, il

s'était passé des faits graves à l'intérieur : l'exécution des derniers chefs de l'insurrection vendéenne, celle des conspirateurs anarchistes Darté et Babeuf et les élections royalistes de l'an V.

D'après la Constitution directoriale, chaque année le Corps législatif devait être renouvelé par tiers, et le moment était venu de procéder au premier renouvellement. Il portait tout entier sur les anciens conventionnels. Les élections eurent lieu le 5 mai 1797. Elles amenèrent dans les deux Conseils d'anciens feuillants, d'anciens membres de la droite de la Législative, des royalistes déguisés sous le nom de *modérés*. Ces nouveaux députés, pour la plupart, avaient en haine tous les hommes qui avaient pris part au gouvernement pendant la période révolutionnaire, et ils s'apprêtèrent à combattre le Directoire, dont tous les membres avaient voté la mort de Louis XVI.

Pichegru à qui le commandement de l'armée du Rhin avait été enlevé, comme nous l'avons vu, par Carnot, était devenu ouvertement conspirateur royaliste ; mais, heureusement, il n'avait plus un seul soldat sous ses ordres. Pichegru venait d'être nommé député par le département du Jura, son pays. Bientôt, les Cinq-Cents le choisirent pour leur président. Aux Anciens, un autre royaliste, Barbé-Marbois, fut également élu à la présidence. Le club de la rue de Clichy poussait au renversement de la Constitution. D'excellents ministres constitutionnels furent indignement renvoyés et remplacés par de turbulents incapables. La plus grande confusion régnait dans les pouvoirs publics. Tout n'était qu'intrigue et conspiration.

Au Directoire on s'emportait, on provoquait une explosion. Carnot seul cherchait à concilier les partis de plus en plus aigris, à unir les fractions éparses du parti républicain dans un même dévouement à la République pour la sauver. Ces généreuses tentatives lui attirèrent encore les invectives grossières de Barras, cet homme sans probité et sans principes, dont on a dit avec raison qu'il était « toujours vendu et toujours à vendre ».

Carnot était tout aussi résolu que ses collègues à repousser les tentatives des royalistes; mais il ne croyait pas que leur audace entraînerait jamais la majorité des Conseils jusqu'à la restauration du trône. « Il y avait bien, a-t-il dit plus tard, 200 membres hostiles aux Directeurs, mais non à la République; et, quant aux meneurs royalistes, il n'y en avait pas plus de quinze. »

« Au pis aller, dit Edgar Quinet, Carnot voulait un nouveau 20 juin et non un 31 mai, effrayer et non frapper; » il ne voulait pas que le gouvernement fît usage des baïonnettes contre ses adversaires du Corps législatif, il voulait qu'il attendît d'être attaqué pour les châtier, il voulait enfin que la violation de la Constitution, si elle devait avoir lieu, vînt des factieux et non du pouvoir chargé de la défendre. Selon lui, le remède qu'il fallait à cette situation de plus en plus tendue, c'était : gouverner avec fermeté en s'appuyant sur la Constitution, faire la paix au dehors, ramener la confiance dans le Directoire et s'efforcer de préparer ainsi, par une politique prudente et franche, une forte majorité républicaine. Il voulait, selon ses propres expressions, « modifier, s'il en était besoin, la loi avec sagesse, au lieu de la déchirer avec colère ».

On a dit qu'il connaissait bien mal les passions humaines s'il pensait les désarmer par la persuasion. Fallait-il donc recourir à la force ? Non, mille fois non, car nous sommes de ceux qui croient, à l'exemple de

Carnot, que les coups de force sont des coups de mort
pour les gouvernements, quels qu'ils soient, et qu'en
politique l'arme *illégale* dirigée contre des adversaires se retourne contre ceux qui s'en servent. Si
Carnot manquait de cette souplesse, de cette finesse de
l'homme d'Etat, dont les Talleyrand et les Sieyès
étaient si abondamment pourvus, et qui confinent si
souvent à la fourberie ; du moins, ce ne sera pas, aux

MORT DE MARCEAU.

yeux de la postérité, le moindre de ses mérites d'hon-
nête homme et de bon citoyen que d'avoir refusé de
prendre part à ce coup d'Etat du 18 fructidor, germe
de tous les autres.

Les efforts qu'il tenta échouèrent, parce qu'il ne rencontra pas chez les autres les nobles sentiments qui
étaient en lui.

Le seul ami sincère que Carnot eût au Directoire,

Le Tourneur, avait été remplacé par Barthélemy, le négociateur du traité de Bâle, doux et faible personnage qui pensait comme Carnot, votait comme lui, approuvait par de graves signes de tête ce qu'il disait, mais qui ne lui fut d'aucun secours.

Le dénouement approchait.

Convaincu plus que jamais que, si les chefs du pouvoir exécutif violaient la loi, la République était perdue, Carnot repoussa avec indignation la seule pensée d'y porter la main.

Mais les trois Directeurs qui n'avaient ni la timidité de Barthélemy, ni les scrupules de Carnot, Barras, Rewbell, La Réveillère-Lépaux, avaient pour eux l'armée, c'est-à-dire la violence. Ils s'en servirent et contre les royalistes et contre les défenseurs de la loi. Ils cherchèrent le chef qui commanderait. Kléber leur répondit de sa voix rude : « Je tirerai sur vos ennemis, s'ils vous attaquent ; mais, en leur faisant face, je vous tournerai le dos. »

Hoche était républicain, Moreau irrésolu, Bonaparte redoutable. Ils prirent Augereau, vrai condottiere, bouillant, audacieux, capable de tout.

On vint de tous côtés presser Carnot de repousser la force par la force, de monter à cheval, de parler aux généraux, d'user de son autorité et de sa popularité parmi les soldats, de prévenir l'attaque de ses collègues, et de les mettre hors la loi. Il fut inébranlable. « Votre tableau est séduisant, répondit-il, mais je vois les royalistes derrière la toile. » Il se tut un instant, puis il ajouta : « Je périrai plutôt que de laisser entamer la Constitution et déshonorer la République. » Et il attendit.

Cela se passait le 17 fructidor an IV, le 3 septembre 1797, dans la soirée. Dans la nuit, Augereau avec sa division entra dans Paris (ce que la loi interdisait). Il avait 12,000 hommes. Il cerna les Conseils, investit le Luxembourg, résidence des Directeurs, et plaça des postes dans les carrefours. A ce moment, Carnot accablé de fatigue se jetait sur son lit. A trois heures du matin, son frère, Carnot-Feulins, en toute hâte vint l'éveiller. Il était temps. Des gendarmes d'Augereau parcouraient le palais, cherchant à s'emparer de lui. Il descendit un escalier de service, ouvrit la grille du jardin et sortit. Au même instant, retentit un coup de canon. C'était le signal d'Augereau pour tous les postes. Le coup d'Etat du 18 fructidor était accompli.

Le 18 fructidor au matin, Carnot apprit par les affiches qu'il était condamné *sans jugement à la déportation*, avec 65 membres des deux Conseils et son collègue Barthélemy, qui, moins heureux que lui, avait été saisi et conduit à la prison du Temple. Les affiches et les proclamations se succédaient rapidement, bientôt les murs en furent couverts. Toutes se terminaient par ces mots : « Le sang n'a pas coulé ! » « Comme si Cayenne n'était pas un lent échafaud, » répond MM. H. Carnot *(Histoire de la Révolution)*.

Carnot, intègre républicain, se trouvait frappé en même temps que les conspirateurs royalistes, tels que Pichegru, Aubry, Barbé-Marbois, le général Willot, etc.

Les trois vainqueurs du 18 fructidor, ceux que l'on appela dès lors les triumvirs, Barras, Rewbell et Laréveillère, avaient imaginé de se débarrasser de lui de cette manière. Les reproches très vifs qu'il leur adressait chaque jour sur leur conduite contraire à la Constitution et dangereuse pour les principes républicains, bien qu'ils voulussent combattre les ennemis

de la République, gênaient leurs projets de coup
d'Etat. Ils voulaient, en le proscrivant avec des royalistes, le faire considérer comme un conspirateur
et ternir sa mémoire; mais l'histoire a depuis longtemps dévoilé cette fourberie, et Carnot est toujours
resté au-dessus des calomnies de ses proscripteurs.

« Républicain de conviction et de sentiment, avec
son caractère si élevé et ses intentions si pures, »
Carnot sera toujours considéré, selon la puissante
expression de Thiers, comme « la logique de la Révolution ».

Il se réfugia d'abord à Paris même, chez Oudot,
son compatriote, ancien Conventionnel et membre des
Cinq-Cents. Puis, il passa en Suisse, comme domes-
tique d'un officier du génie envoyé en mission dans
les Alpes.

Ils partirent tous les deux le 20 septembre 1797,
quinze jours après le coup d'Etat. A peine hors de
Paris, au second relais, ils croisèrent le général Rey,
partisan du 18 fructidor, qui ne pouvait manquer
de reconnaître l'ancien Directeur et de s'assurer de sa
personne.

« Carnot est-il arrêté? » demanda le général.

— Non, répondit l'officier, mais il est mort ou hors
de France. » Les chevaux de relais étaient attelés, le
cocher fouetta, et la voiture repartit au galop.

En arrivant en Suisse, Carnot apprit la mort de
Hoche. Il avait expiré le 19 septembre, la veille du
jour où Carnot prenait la route de l'exil. Hoche venait
de succomber presque subitement, au camp de Wetz-
lar, frappé d'une mort mystérieuse. Il avait 29 ans.

Le bruit courait qu'il avait été empoisonné.

C'était une des gloires les plus pures de la Révolution qui s'éteignait. C'était un malheur irréparable

pour la République. Le citoyen égalait en lui l'homme de guerre, aussi sera-t-il pour toujours le modèle du soldat dans un état démocratique et libre. « Je vaincrai les ennemis de la République, disait-il, et quand j'aurai sauvé la patrie, je briserai mon épée. » Ce soldat-citoyen eût été un infranchissable obstacle à la dictature de Bonaparte. « Si Hoche avait vécu, a dit Napoléon, je l'aurais brisé, ou je me serais rangé de moi-même ! »

C'est le plus bel éloge qui ait jamais été fait du général républicain.

Hoche était l'homme de prédilection de Carnot. C'est en lui qu'il avait placé son espérance. C'est lui qu'il avait choisi pour chasser les Prussiens d'Alsace, pour terminer cette terrible guerre de Vendée, pour préparer un débarquement, une irruption soudaine en Angleterre, pour reprendre le Rhin à l'Autriche et porter un coup décisif à cet empire allemand qui s'acharnait sur la France. Hoche avait accompli ou était sur le point d'accomplir tout cela. Lui pouvait être un Washington.

Cette mort si imprévue, si triste, du jeune général frappa Carnot d'une vive douleur. L'avenir de la République était bien sombre.

Arrivé à Genève, Carnot trouva un refuge chez de braves gens, chez des blanchisseurs. Des agents du Directoire étaient sur ses traces. L'un des magistrats du Conseil fédéral le prévint à temps. Il fut obligé de quitter Genève. Vêtu d'une blouse, coiffé d'un bonnet de coton, un panier de linge sur l'épaule, il sortit de la blanchisserie où il demeurait, écarta le groupe de soldats suisses chargés de l'arrêter pour le compte du Directoire, traversa le lac Léman et débarqua à Coppet. De là, il se rendit à Nyon, où il était encore lorsque

Bonaparte y passa pour se rendre au congrès de Rastadt. Enfin, il sortit de Suisse avec un passeport que lui offrit le bailli de Berne, parcourut quelque temps le sud de l'Allemagne, et se fixa à Augsbourg.

C'est là que le rapport de Bailleul sur le 18 fructidor lui tomba par hasard sous les yeux. Il écrivit sur-le-champ, et au courant de la plume, la fameuse réponse destinée à le réfuter.

Elle a pour titre : *Réponse de Carnot, citoyen français, l'un des fondateurs de la République, membre du Directoire exécutif, au rapport fait par Ch. Bailleul au Conseil des Cinq-Cents sur la conjuration du 18 fructidor*. Elle est en date du 8 floréal an VI (27 avril 1798).

Dans cet écrit, il fustige avec une verve mordante les fauteurs de coups d'Etat en général, ceux du 18 fructidor en particulier, et il demande des juges :

« Je n'ai point usé, dit-il, du long pouvoir qui m'a été confié pour amasser des richesses... mes mains sont pures et mon cœur est net. Mon but a toujours été de faire aimer la République en lui donnant pour base une liberté réelle...

« Si j'ai profité de l'enthousiasme général pour pousser la guerre avec une vigueur auparavant inconnue, ç'a été pour faire cesser plus tôt l'état de crise où cet enthousiasme même jetait la nation.

« J'avais formé le projet d'écrire l'histoire de cette guerre sacrée qui a posé sur tant de trophées immortels les bases de la grande République, et de consigner dans ces annales les traits innombrables d'héroïsme des défenseurs de la patrie, pour servir à leur gloire et à l'instruction de leur postérité.

« *Je demande un jugement régulier.* Je ne crains ni la sévérité des juges, ni l'exaltation des jurés... Mon

seul crime, je le répète, on ne m'en trouvera point
d'autre, est d'avoir voulu empêcher que le peuple français eût des tyrans. »

Le jugement qu'il demandait, on ne le lui accorda
pas. Il eût confondu ses adversaires.

Reconnu plusieurs fois à Augsbourg, Carnot en partit pour se rendre à Nuremberg, où il resta jusqu'en
ventôse, après le 18 brumaire.

Dès qu'Augereau, « *le général de fructidor* », comme
il se qualifie lui-même, s'était aperçu de la dispari-
tion de Carnot, il en avait averti le Directoire, d'un
ton consterné. Les triumvirs mirent immédiatement
toute une petite armée en campagne pour battre les
environs de Paris, et comme on ne le découvrit pas,
le bruit courut qu'il avait été tué dans la nuit du 17 au
18 fructidor. Un placard annonçant que « ce scélérat
avait été tué et coupé en morceaux » fut affiché dans
les rues de Paris. Il se trouva même quelqu'un qui eut
la cruauté d'envoyer cette feuille à sa famille, à Dijon
et à Nolay. Son malheureux père fut profondément
frappé de cette affreuse nouvelle. « On avait beau lui
répéter, dit l'un de ses enfants, que son fils était en
sûreté, il feignait d'y croire quelquefois; mais, quand
il était seul, de grosses larmes coulaient le long de ses
joues amaigries. » Peu de temps après, il mourut presque
subitement.

Le général Carnot-Feulins fut destitué. La modeste
fortune de Carnot fut mise sous séquestre, et mainle-
vée ne devait en être accordée que sur la preuve au-
thentique de son arrivée à Cayenne. Tous ses papiers
furent saisis au Luxembourg. Barras chargea un
employé d'en faire l'inventaire. Celui-ci n'y trouvant
rien qui ressemblât à la conspiration qu'on y cherchait, Barras tourna sa fureur contre cet homme.

Les archives du cabinet historique et topographique que Carnot avait fondé avec Clarke furent pillées et brûlées. C'est une perte irréparable. Carnot se proposait, comme il le dit lui-même dans sa réponse à Bailleul, d'écrire sur ces précieux documents l'histoire des guerres de la Révolution, et nul assurément n'était mieux que lui en situation de mener à bonne fin un pareil travail.

Carnot fut rayé de l'Institut et remplacé par Bonaparte, qui ne témoigna aucun scrupule d'accepter les palmes de celui qui l'avait constamment protégé.

Cinquante-trois députés définitivement chassés des Conseils ne furent pas remplacés. Les administrations des départements qu'ils représentaient furent révoquées. Le Directoire ne recula dès lors devant aucun acte arbitraire. Barras poussa la rancune contre Carnot jusqu'à casser la municipalité de Nolay, où le proscrit n'avait que des amis.

Sans doute, le coup d'Etat du 18 fructidor était funeste aux royalistes, mais il le fut bien davantage aux républicains. Dans cette journée, le soldat apprit à ne plus trembler devant la loi, la seule force de la République. « Triste et déplorable spectacle, dit Thiers, qui présageait la prochaine et inévitable domination des prétoriens. » « Il y a de mauvais exemples, avait dit Montesquieu, qui sont pires que les crimes, » et « il parut simple alors, selon Mme de Staël, qu'un chef militaire adoptât une mesure que des magistrats s'étaient permise. L'histoire impartiale mettra sur deux lignes très différentes la République d'avant le 18 fructidor et la République d'après. »

Dès ce jour, le Directoire ne se soutint plus que par des coups d'Etat. Le 18 fructidor an V, il avait cassé les élections royalistes ; le 22 floréal an VI, il annulera

les élections démocratiques ; le 30 prairial an VI, il ren-
versera de leurs sièges deux membres du Directoire. Et
quand, au 18 brumaire, Bonaparte les chassera tous,
députés et directeurs, avec quelle autorité pourront-ils
invoquer la Constitution, ceux qui l'auront tant de fois
et si outrageusement violée ?

En attendant, le 18 fructidor nous fait rompre la paix
négociée par Carnot et sur le point d'être signée à
Lille par Maret, à Udine par Clarke. Bonaparte refuse
de faire accepter l'ultimatum du Directoire par l'Autriche et donne sa démission, les Directeurs la refusent,
le flattent, lui disent qu'il est l'homme nécessaire, et il
reste pour les mépriser d'abord et les dominer plus
tard.

La Suisse, que Carnot avait toujours énergiquement protégée, considérant cette petite république
comme inviolable, tant à cause de sa neutralité que
de sa faiblesse, est envahie par les troupes françaises.
La France perd ses avantages en Italie, en Hollande,
en Belgique, sur le Rhin, et le congrès de Rastadt se
termine par l'assassinat de ses plénipotentiaires. Brune
et Masséna la sauvent à Bergen et à Zurich. Mais,
bientôt, la guerre deviendra injuste contre les nations
étrangères, l'indépendance nationale étant assurée, et
les peuples, qui naguère témoignaient tant de sympathie pour la République, n'auront que de la haine envers
ses armées qui ne les combattront que pour la conquête.

Fatigués, inquiets, mécontents, les partis n'ont
même plus la force de se combattre autrement que par
l'intrigue. L'impuissance et la désorganisation sont
partout.

CHAPITRE X

1799-1804

Dans l'exil, pendant les deux années 1798 et 1799, Carnot avait repris ses travaux sur les mathématiques. Rappelons à ce sujet que l'auteur des *Réflexions sur la métaphysique du calcul infinitésimal* occupe un rang fort honorable dans l'histoire des sciences; qu'il encouragea les inventeurs pauvres, Nicéphore Niepce, Chappe, Coutelle, Conté, Fulton; qu'il était en relations d'amitié avec Berthollet, Prony, Bougainville, le savant universel Alexandre Humboldt; qu'il est un des fondateurs de l'Ecole polytechnique et de l'Institut, et qu'enfin sa science profonde et positive ne fut pas étrangère aux grandes institutions qui sont les gloires incontestées de la Révolution française.

Carnot travaillait, dans sa retraite d'Augsbourg, à un ouvrage sur la *Géométrie de position*, quand il apprit, coup sur coup, la chute du Directoire, la fuite de ses proscripteurs, et l'arrêté consulaire rappelant les proscrits.

Depuis son coup d'Etat du 18 fructidor et celui du

22 floréal qui cassa les élections républicaines aux deux Conseils, le Directoire, dominé par Barras et Sieyès, était tombé si bas et semblait si fatalement destiné à disparaître, que le 18 brumaire, qui le renversa et qui souleva plus tard la réprobation de tous les amis de la République, ne rencontra d'abord aucune opposition vive dans le peuple, et fut accepté assez froidement de la nation « affamée de repos ».

Bonaparte, soldat né de la Révolution, serviteur de la République, vainqueur des royalistes insurgés de Toulon, protecteur de la Convention contre l'émeute monarchique du 13 vendémiaire, général sorti des rangs, élevé de grade en grade par Carnot, et passant pour l'ami du célèbre directeur des quatorze armées, avait toujours affecté des allures de jacobin et semblait n'avoir renversé le Directoire, comme il le disait, que pour consolider la République.

Du reste, le Consulat que Bonaparte fit établir à son profit, avec ses *trois citoyens consuls*, ses *sénateurs*, ses *tribuns du peuple*, ses devises, ses cocardes et ses drapeaux tricolores, symboles des libertés reconquises et couleurs de la Révolution, conservait le nom et les apparences de la République et semblait la continuer.

Ces apparences étaient trompeuses. Le 18 brumaire ne devait être qu'un attentat contre la liberté, un coup d'État, un crime, et celui qui s'en rendit coupable doit être à jamais flétri de ce nom de *tyran* que les peuples de l'antiquité imprimaient au front de quiconque osait porter la main sur les libertés publiques.

Cependant nombre de bons esprits crurent de bonne foi que Bonaparte n'était qu'un soldat heureux de la Révolution, jaloux de maintenir et de défendre ses conquêtes démocratiques, n'ayant renversé un gouvernement impuissant et méprisé que pour débarrasser la République de ses entraves et lui donner un puissant et glorieux essor.

Voilà pourquoi nous nous étonnons aujourd'hui, nous qui savons ce que fut plus tard Bonaparte, de rencontrer dans le Sénat et le Tribunat de vieux conventionnels comme M.-J. Chénier, Grégoire, Carnot, Merlin, des esprits libéraux et indépendants comme Daunou, Ginguené, Ganilh, Benjamin Constant.

Étranger aux conspirations et aux coups de main, exilé au moment des derniers événements, proscrit pour avoir défendu la Constitution républicaine au Directoire, rappelé dans sa patrie par le premier Consul qui se vantait d'avoir sauvé la République, Carnot, dont Bonaparte disait : « c'est un homme facile à tromper, » fut trompé en effet.

Après avoir perdu tant d'illustres amis, couru tant de dangers, il ne comprenait pas que ce pût être en vain ; il ne comprenait pas que tant d'orages eussent passé, que tant de belles vies eussent été tranchées, pour retourner à la monarchie.

Il revint de l'exil portant toujours en lui son vif amour pour sa patrie, son inaltérable dévouement pour cette République qu'il avait défendue sur le champ de bataille et dans les Assemblées au péril de sa vie ; comme lui, à Furnes et à Wattignies, Bonaparte, à Arcole et aux Pyramides, l'avait rendue glorieuse et triomphante. Il ne vit pas qu'elle était déjà entre les mains de l'ambitieux conquérant qui devait l'étouffer et il ne servit le Consulat que pour se dévouer encore à la liberté.

L'opinion publique appelait de nouveau Carnot à la direction de la guerre. Le consul Lebrun se rendit chez lui et lui dit : « Si les affaires de la guerre étaient en bonne situation, c'est un cadeau qu'on vous offri--

rait ; aujourd'hui, c'est une charge que vos concitoyens imposent à votre patriotisme, parce qu'ils pensent, et le premier Consul et nous tous, nous pensons que vous seul pouvez remettre l'ordre dans le désordre et le délabrement. »

Il y avait des services à rendre à la France. Carnot accepta.

Le 12 germinal an VIII (2 août 1800) Berthier partit pour l'Italie, cédant le portefeuille de la guerre à Carnot.

Il s'adjoignit son frère Carnot-Feulins qui, dans diverses circonstances, l'avait déjà si puissamment secondé.

Le Directoire, dans les derniers mois de son existence, avait tout laissé aller à la dérive et depuis le 18 brumaire (9 novembre 1799) jusqu'au 12 germinal (2 avril 1800), Berthier, malgré ses talents et ses soins, avait laissé derrière lui encore beaucoup à faire.

Avec son activité accoutumée et ce coup d'œil extraordinaire qui embrassait avec netteté l'ensemble et le détail, Carnot se met à l'œuvre. Il réagit avec vigueur contre les habitudes de dilapidation qui avaient tout envahi. Il envoie à Mayence son ancien commissaire particulier au Comité de Salut public, le général Pille, pour réprimer en son nom les abus, suspendre et arrêter les officiers généraux « dont la conduite pourrait déshonorer le nom français », il approuve Moreau qui, pour leur improbité, a chassé de son armée un général de division et fait fusiller un commissaire des guerres ; il destitue tous les employés qui spéculent sur les fournitures militaires ; il réprimande avec sévérité les généraux qui, à l'intérieur, manquent de déférence pour les autorités civiles (cela était de mode alors) et ceux qui, à l'extérieur, oublient le respect dû au droit des gens. Grâce à son énergique attitude et à ses rares qualités d'organisateur, le travail et l'économie reparurent dans l'administration, l'ordre et la discipline furent rétablis à tous les degrés de la hiérarchie, les armées furent régulièrement et abondamment pourvues, Marengo devint possible.

Il concerta avec Moreau la campagne d'Allemagne. L'armée du Rhin, réorganisée par Carnot après sa magnifique retraite de l'année précédente, était forte de cent trente mille hommes. Elle avait pour chefs Moreau, Ney, Leclerc, Saint-Cyr, Lecourbe, Vandamme, Sainte-Suzanne. Devant elle se trouvaient cent cinquante mille Autrichiens et Bavarois. Son centre était sur le Danube, sa droite au lac de Constance, et sa gauche sur le Mein. La campagne commença le 5 floréal an VIII (25 avril 1800). L'armée française franchit le Rhin à Schaffouse et à Bâle, tourne la Forêt-Noire, repousse Kray et ses Autrichiens au delà du Danube, les battant à Stokach, à Engen, à Mœskirch et à Biberach.

Carnot, parti de Paris le 16 floréal (6 mai), pour l'armée du Rhin, le jour même où Bonaparte partait pour l'Italie, arriva à l'armée de Moreau au moment où la bataille de Biberach était engagée. Quelques heures après, elle était gagnée. C'était le 9 mai. Il venait accomplir auprès du général en chef une mission délicate. Il s'agissait de détacher de l'armée du Rhin dix-huit mille hommes pour renforcer l'armée d'Italie et d'obtenir de l'ombrageux général, sans froissement, ce sacrifice nécessaire.

Il alla joindre à Lausanne le premier Consul et lui annonça qu'il trouverait ce précieux renfort à son arrivée en Italie.

L'armée de réserve que Carnot avait organisée à

Dijon, avec les dix-huit mille vétérans détachés de l'armée du Rhin et commandés par Moncey, allait tomber comme une avalanche, du haut du Saint-Bernard et du Saint-Gothard, dans les plaines de la Lombardie et du Piémont, sur les Autrichiens surpris.

Les victoires que le ministre de la guerre avait préparées, le premier Consul allait les remporter.

Les troupes défilèrent devant eux à Lausanne. En quittant Bonaparte, Carnot lui dit ces paroles mémorables : « Vous avez, citoyen consul, à choisir dans l'histoire la place d'un Cromwell ou celle d'un Washington. Si vous choisissez mal, vous tomberez de haut et un jour peut-être on vous contestera jusqu'à votre gloire militaire. »

A son retour, Carnot s'arrêta un instant dans la Côte-d'Or. Dijon fit au grand citoyen une réception digne des services qu'il avait rendus à la République. Puis il alla passer quelques jours à Nolay. Il y fut reçu avec des transports de joie. Tout le monde l'admirait, l'aimait et son séjour à Nolay fut un long triomphe. Cependant, la maison de famille était bien triste : la mère y était morte ; le père s'y était éteint, brusquement frappé ; les frères en étaient partis, dispersés par la diversité des carrières[1].

---

1. Parmi les frères de Carnot, indépendamment du général Feulins (Claude-Marie Carnot, dit Feulins) né à Nolay en 1755, mort en 1836, il y eut :

1º Joseph Carnot, né à Nolay en 1752, mort en 1835, avocat au parlement de Bourgogne, commissaire de la Fédération en 1790, président de la cour de Cassation.

2º Claude Carnot, né à Nolay en 1754 ; avocat au parlement de Bourgogne, procureur de la République à Châlon-sur-Saône.

3º Jean-François-Reine Carnot, né à Nolay en 1760 ; notaire à Nolay, maire de Nolay pendant 23 ans, destitué par la Restauration.

Il voulut repasser dans sa mémoire tous les souvenirs d'enfance, revoir les anciens camarades, visiter encore une fois les sites charmants où s'étaient écoulées ses premières années.

Celui qui l'attirait entre tous, dans ces environs si pittoresques de Nolay, c'est le vallon de Vauchignon, *la Tournée* où il courait tout enfant. C'était jadis sa promenade favorite. Il la refit avec émotion. On était

18 BRUMAIRE.

au 27 floréal an VIII (17 mai 1800). C'était le premier printemps du XIXe siècle. Il retrouvait là, avec un charme secret, le même bruit de l'onde, les mêmes cris aigus des oiseaux de proie. La nature n'avait pas changé ; parmi les hommes, la Révolution était faite. Ces blocs cyclopéens, ces immenses fortifications naturelles qui enferment ce charmant petit vallon, ces

4° Gabriel-Bernard Carnot, né à Nolay en 1762, officier de la légion de Luxembourg, receveur de l'enregistrement à Beaune ; mort en 1826.

rochers écroulés, empilés dans un chaos fantastique ; cette sombre caverne où le ruisseau murmure, cette cascade qui se précipite écumeuse sur un lit de mousse ; toutes ces beautés de la nature sauvage avaient jadis vivement frappé la jeune et poétique imagination de Carnot. Il pouvait, en s'élevant sur les sommets, contempler l'immense panorama qui se déroule au loin : au couchant, les forêts et les montagnes sombres du Morvan, la chaîne de la Côte-d'Or, et au levant, le Jura, par delà la plaine de la Saône qui s'étend comme une mer bleue, puis, se perdant dans le ciel vaporeux, la cime blanche et rose du Mont-Blanc. Il avait chanté tout cela à vingt ans sous ce titre : *Une journée du mois de Mai* [1]. »

Plus tard, proscrit, loin de ce pays natal, si cher, pendant les heures sombres qui précèdent la mort des exilés, il reparlera encore de ce séjour enchanté, uni dans son cœur pendant toute sa vie aux souvenirs de l'enfance, aux joies du foyer paternel.

Carnot ne devait plus revoir Nolay. Il repartit pour Paris vers la fin du mois de mai et reprit ses travaux au ministère de la guerre.

Au moment où Bonaparte se prépare à couvrir de hochets la poitrine de ses soldats, il est bon de voir de quelle manière démocratique, simple et digne, Carnot savait récompenser les braves.

Un homme extraordinaire, un héros de trempe antique, qu'on a appelé le Bayard républicain, La Tour-d'Auvergne, après de nombreuses actions d'éclat aux Pyrénées et sur le Rhin, refusait le grade de général que lui offrait Carnot.

1. Voir *Opuscules poétiques* par le général Carnot (1820).

Carnot lui écrivit au nom de la République :

« Le Ministre de la Guerre,

« *Au citoyen La Tour-d'Auvergne-Corret.*

« En fixant mes regards sur les hommes dont l'armée s'honore, je vous ai vu, citoyen, et j'ai dit au premier Consul :

« La Tour-d'Auvergne-Corret, né dans la famille de Turenne, a hérité de sa bravoure et de ses vertus.

« C'est l'un des plus anciens officiers de l'armée ; c'est celui qui compte le plus d'actions d'éclat ; partout les braves l'ont nommé le plus brave. Modeste autant qu'intrépide, il ne s'est montré avide que de gloire et a refusé tous les grades.

« Aux Pyrénées-Orientales, le général commandant l'armée rassembla toutes les compagnies de grenadiers, et pendant le reste de la guerre, ne leur donna point de chef. Le plus ancien capitaine devait commander ; c'était La Tour-d'Auvergne, et bientôt son corps fut nommé par les ennemis « la colonne infernale ».

« Un de ses amis n'avait qu'un fils, dont les bras étaient nécessaires à sa subsistance ; la conscription l'appelle. La Tour-d'Auvergne brisé de fatigues ne peut travailler, mais il peut encore se battre. Il vole à l'armée du Rhin, remplace le fils de son ami, et pendant deux campagnes, le sac sur le dos, toujours au premier rang, il est à toutes les affaires, il anime les grenadiers par ses discours et son exemple.

« Pauvre, mais fier, il vient de refuser le don d'une terre que lui offrait le chef de sa famille. Ses mœurs sont simples, sa vie est sobre ; il ne jouit que du modique traitement de capitaine à la suite, et ne se plaint sous. Plein d'instruction, parlant toutes les langues, son érudition égale sa bravoure ; on lui doit l'ouvrage intéressant intitulé : *Les origines Gauloises*.

» « Tant de vertus et de talents appartiennent à l'histoire ; mais il appartient au premier Consul de la venger.

» « Le premier Consul, citoyen, a entendu ce précis avec l'émotion que j'éprouvais moi-même ; il vous a nommé sur-le-champ *Premier grenadier des armées de la République* et vous décerne un sabre d'honneur.

« Salut et fraternité,

« CARNOT. »

La Tour-d'Auvergne vint remercier Carnot. Ému jusqu'aux larmes, et la parole entrecoupée, il lui dit : « Ce brevet d'honneur est un brevet de mort, citoyen ministre. Maintenant, je n'ai plus qu'à me faire tuer. » Le vieux brave tint parole.

Il rejoignit l'armée du Rhin qui venait d'entrer en Bohême. Six jours après son arrivée, le 9 messidor an VIII (28 juin 1800), pendant un combat sanglant et terrible, qui se prolongea dans l'ombre de la nuit, sur les hauteurs de Neubourg, il tomba, sans proférer un seul mot, frappé par un uhlan d'un coup de lance au cœur. D'après l'ordre général de l'armée, le nom de la Tour-d'Auvergne fut conservé à la tête du contrôle de la 46e demi-brigade, et depuis, chaque jour, jusqu'en 1814, en faisant l'appel dans la compagnie des grenadiers, l'officier criait : « La Tour-d'Auvergne ? » et le porte-drapeau répondait : « Mort au champ d'honneur ! »

Carnot inscrivit son nom sur la colonne nationale, au Panthéon, fit rechercher ses armes et les suspendit en trophée dans le temple de Mars (chapelle des Invalides), enfin, il commanda, pour être distribués aux armées, des livrets où était racontée sa vie. Carnot fit, en outre, recueillir les restes de Turenne (l'un des aïeux de La Tour-d'Auvergne) pour les confier « aux Invalides de la vieille monarchie et de la jeune République ». Le dernier jour de l'an VIII, les cendres de Turenne furent transportées en grande pompe à l'Hôtel des Invalides. Carnot y prononça un discours d'une simplicité élevée :

« Demain, dit-il, nous célébrons la fondation de la République, préparons cette fête par l'apothéose de ce que nous laissèrent de louable et de justement illustre les siècles passés..... Désormais, ô Turenne, tes mânes habiteront cette enceinte ; ils demeureront naturalisés parmi les fondateurs de la République ; ils embelliront leurs triomphes et participeront à leurs fêtes nationales.

« Elle est sublime, sans doute, l'idée de placer les dépouilles mortelles d'un héros qui n'est plus, au milieu des guerriers qui le suivirent dans la carrière, et qui forma son exemple. C'est l'urne d'un père rendue à ses enfants, comme la portion la plus précieuse de leur héritage... »

Mais le désintéressement, la droiture et les sentiments républicains de Carnot n'étaient pas faits pour l'époque nouvelle qu'avait ouverte le 18 brumaire. Il ne put vivre longtemps à côté de l'égoïsme impérieux de Bonaparte. « Cet homme ne marche pas droit, disait Carnot, je ne serai pas longtemps ici. » En effet, après la victoire de Bonaparte à Marengo et celle de Moreau à Hohenlinden (deux gloires égales qui appartiennent plutôt l'une à Desaix, l'autre à Ney et à Richepanse), il attendit la signature de la paix de Lunéville.

lui suivit (9 février 1801) et il donna sa démission.
En quittant le ministère de la guerre, il adressa aux
consuls, conformément à la Constitution, un compte
détaillé de sa gestion, et il se trouva que, dans ce court
espace de dix mois, il avait diminué de 8,000 francs son
propre patrimoine. Le désintéressement de Carnot est
pour ainsi dire proverbial. Puisque nous y sommes ame-
nés, voici à ce sujet quelques faits qui parlent d'eux-
mêmes.

Il avait reçu 24,000 francs pour sa mission auprès de
Moreau. C'était un voyage de 450 lieues qui devait se
faire avec un certain éclat. Il remit à ses compagnons
de voyage leur indemnité de route, plus une légère
gratification, distribua une somme assez forte aux
blessés de l'armée du Rhin, et à son retour il lui restait encore 10,000 francs qu'il s'empressa de remettre
au trésor. Ces remises étaient à tel point inusitées,
que la trésorerie fut fort embarrassée pour porter
cette restitution. Elle n'avait pas de chapitre ouvert à
cet effet. Il fallut en établir un tout exprès.

A la même époque, il avait économisé, au bout de
dix mois, près de 400,000 francs sur ses frais de bureau,
et cependant il avait payé quinze mois de traitement
plus à ses employés avant son entrée au ministère de
la guerre. Il est vrai qu'il laissait son propre traitement
à l'arriéré.

Une autre fois, un fournisseur de chevaux pour l'armée, qui venait d'obtenir l'adjudication d'une fourniture importante, vint chez le ministre et lui présenta,
d'un air dégagé, un portefeuille contenant *cinquante
mille* francs. C'était l'habitude dans les derniers temps
du Directoire et même sous le Consulat, d'accepter ces
« *pots-de-vin* »; on trouvait cela la chose la plus natu-
relle du monde. Carnot ne comprenait pas. L'autre lui

donna l'explication de cette offre, en s'excusant fort
de ne pouvoir faire mieux. — « Ce n'est déjà pas trop
« mal! dit Carnot, vous avez donc fait une bonne opé--
« ration, puisque vous pouvez prélever d'avance
« 50,000 francs sur vos bénéfices? »

— « L'opération ne sera pas mauvaise, répondit le
« fournisseur, surtout si le citoyen ministre veut bien
« ne pas faire languir les payements.

— « Je vais tout de suite vous donner un acompte, »
dit le ministre, et recevant le portefeuille d'une main,
il le remit de l'autre à son interlocuteur ébahi. — « Voilà
« 50,000 francs payés d'avance sur votre fourniture et
« vous allez immédiatement en donner quittance au
« secrétariat. »

Après avoir quitté le ministère de la guerre, Carnot
se retira à Saint-Omer, dans la famille de sa femme et
il reprit là, dans le calme, ses études scientifiques. C'est
à Saint-Omer qu'il écrivit sa *Géométrie de position*, son
Traité de la corrélation des figures et sa *Lettre à Bossut*,
membre de l'Institut, contenant des vues nouvelles sur
la trigonométrie. Mais bientôt ses concitoyens le rap-
pelèrent à la vie publique.

En effet, l'arrondissement de Saint-Omer le porta
sur la *liste communale*, le Pas-de-Calais le plaça sur la
liste du département et son nom arriva parmi les *nota-
bilités nationales*. Le Sénat, malgré sa répugnance
pour les républicains, choisit Carnot sur la liste nationale, suivant les formalités de la Constitution de
l'an VIII, et l'envoya siéger au Tribunat. Les nouveaux
élus de 1801, au nombre de vingt, étaient tous, sauf
Carnot, des hommes dont le premier Consul s'était
d'avance assuré les votes et la conscience. « Le Sénat,
dit Thiers, n'avait pas cru pouvoir se dispenser de
nommer Carnot. » Ce grand nom s'imposait.

Bientôt, il eut occasion de manifester avec éclat son attachement à la République. L'entraînement de la majorité était sans borne. On parlait déjà du rétablissement de la monarchie ; mais on n'osa pas tout d'abord et d'un seul coup aller jusque-là. Après la paix d'Amiens, au mois de mai 1802, le Sénat proposa de proroger de dix ans les pouvoirs du premier Consul, et le Conseil d'État, renchérissant sur cette proposition, demanda que le pouvoir suprême lui fût assuré pour toute la durée de sa vie. Peu de temps après, un plébiscite, qui eut lieu par signatures des électeurs sur registres spéciaux, nomma Bonaparte Consul à vie. Au Tribunat, Carnot *seul* vota *non*. Quand vint son tour d'inscrire son vote, il écrivit : « Dussè-je signer ma proscription, rien ne saurait me forcer à déguiser mes sentiments : *Non* ! » Pour effacer ce « Non » qui faisait tache sur le cahier du Tribunat, le président, sur la proposition du tribun Lucien, frère de Bonaparte, ne trouva rien de mieux que de brûler ce gros livre et de faire recommencer la défilade des adulations et des signatures sur un autre, hors de la présence de Carnot.

Enfin, quand au Tribunat, le 23 avril 1804, l'Empire fut proposé en faveur de Napoléon Bonaparte et de sa famille, une *seule voix* s'éleva à la tribune, au milieu des murmures et des menaces, pour défendre la liberté lâchement abandonnée. « Cette voix, dit le savant professeur M. Cazes, c'était celle du représentant de l'héroïque génération de 92 qui avait espéré fonder à jamais la République et qui la voyait maintenant sous le talon d'un soldat. »

Bravant toute la salle soulevée contre lui, résistant au maître qui s'imposait et devant qui tout pliait, Carnot, calme et digne, prononça un grand discours qui fut une belle défense de la République :

« ..... Quelques services qu'un citoyen ait pu rendre
à sa patrie, il est des bornes que l'honneur, autant
que la raison, impose à la reconnaissance nationale..
Si ce citoyen a restauré la liberté, s'il a opéré le salut
de son pays, est-ce une récompense à lui offrir que le
sacrifice de cette même liberté?..... Aujourd'hui se
découvre enfin d'une manière positive le terme de tant
de mesures préliminaires. Nous sommes appelés à
nous prononcer sur la proposition formelle de rétablir le système monarchique et de conférer la dignité
impériale et héréditaire au premier Consul. Je votai
dans le temps contre le Consulat à vie, je voterai de
même contre le rétablissement de la monarchie, comme
ma qualité de tribun m'oblige à le faire ; mais ce sera
sans personnalités, sans autre passion que celle du
bien public, en demeurant toujours d'accord avec moi-
même dans la défense de la cause populaire. Le gou-
ver nement d'un seul n'est rien moins qu'un gage
assuré de stabilité et de tranquillité..... Dans l'empire
romain, la fierté républicaine, l'héroïsme, les vertus
mâles, y furent remplacés par l'orgueil le plus ridicule,
la plus vile adulation, la cupidité la plus effrénée, l'in-
souciance la plus absolue sur la prospérité nationale.....
Après la paix d'Amiens, Bonaparte a pu choisir entre
la République et la monarchie. Le dépôt de la liberté
lui était confié ; il avait juré de le défendre : en tenant
sa promesse il eût rempli l'attente de la nation qui
l'avait jugé seul capable de résoudre le grand problème
de la liberté publique dans les vastes Etats ; il se fût
couvert d'une gloire immortelle. Au lieu de cela, que
fait-on aujourd'hui?..... La liberté fut-elle donc mon-
trée à l'homme pour qu'il ne pût jamais en jouir?.....
Non, je ne puis consentir à regarder ce bien si univer-
sellement préféré à tous les autres, sans lequel tous les

autres ne sont rien, comme une simple illusion. Mon cœur me dit que la liberté est possible, que le régime en est plus facile et plus stable qu'aucun gouvernement arbitraire..... Je me contenterai d'avoir fait entendre l'accent d'une âme libre..... Je voterai contre la proposition. »

Nobles et éloquentes paroles qui honorent autant l'homme qui les prononça que le parti qu'elles défendent. Mais elles n'eurent d'écho ni dans les Assemblées ni dans le pays. Carnot vota *seul* contre l'Empire. Personne n'était assez puissant pour arracher Napoléon de ce trône bâti sur ses victoires. L'ère impériale se levait fatale, inexorable, et aussi, il faut bien le dire, resplendissante.

La France s'endormait dans la servitude.

Le réveil fut terrible.

CHAPITRE XI

1814-1815

L'Invasion. — Carnot défenseur d'Anvers. — Première restauration. — *Le Mémoire au roi.* — Les Cent jours.

Quand l'Empire fut proclamé, sous ce gouvernement qu'il avait combattu et qu'au fond de l'âme il ne reconnaissait pas, Carnot resta cependant au Tribunat. Il ne voulait pas trahir la confiance de ses concitoyens, c'était pour lui un devoir sacré que de demeurer à son poste de combat, et dans cette assemblée où il y avait si peu d'hommes de caractère, la seule cependant où il fût encore permis de parler, il fit toujours partie du petit groupe qui défendit sans espoir les derniers restes de nos libertés.

Une telle attitude n'était pas faite pour plaire au maître. Celui-ci le lui fit bien sentir. En 1804, ayant institué la Légion d'honneur, Napoléon en décora le Tribunat en masse, prodigua à de vils courtisans les plus hauts titres de cet ordre, et nomma l'organisateur de la victoire simple légionnaire.

Deux ans auparavant, lorsque le premier Consul avait proposé l'établissement de cet ordre, Carnot, qui avait fait jadis un si bel emploi des armes d'honneur (seules récompenses de la République), avait v viemen

combattu ce système de distinctions. C'est qu'il pré-
voyait bien que les décorations seraient décernées à la
flatterie bien plus qu'au mérite.

« Sans doute, disait-il alors, c'est un grand avantage pour une nation de pouvoir payer avec une
branche de chêne ou de laurier, avec des croix ou
des rubans, les plus importants services qu'on puisse
lui rendre. Mais si ces distinctions deviennent le prix
de la flatterie, de l'espionnage, de services plus hon-
teux encore, de quelle utilité pourront-elles être
bientôt pour la nation? Qui voudra se dévouer aux
pénibles travaux, aux plus dures privations pour les obtenir? Qui ira les chercher dans les camps, si on peut
les ramasser à pleines mains dans une antichambre? »

Carnot, à la première distribution des croix, accepta
sans humeur celle de légionnaire, « et peut-être, dit
son fils, éprouvait-il quelque satisfaction à en porter
le modeste ruban, au milieu de ses collègues cha-
marrés de brillants colifichets ».

En 1807, le Tribunat, dernier asile de la discussion
et par suite de l'opposition, fut supprimé. Carnot retourna à l'Institut, où il avait été réélu, à sa vie obs-
cure, à ses mathématiques; il rentra dans la condition
d'un simple citoyen, se rendant encore utile à son pays
par ses travaux scientifiques. Il se retira sur les bords
de la petite rivière l'Essones, à la Ferté-Alais, près
d'Étampes, dans le département de Seine-et-Oise, élevant ses fils[1], cultivant sa petite ferme, feuilletant

1. Carnot eut trois enfants :
1° Sadi, mort au berceau ;
2° Sadi, né au Luxembourg, sous le Directoire, brillant élève
de l'Ecole polytechnique, mathématicien d'avenir, enlevé par le
choléra le 2 août 1832.
3° M. Hippolyte Carnot, né à Saint-Omer en 1801, ministre de

Horace et Marc-Aurèle, et suivant d'un esprit inquiet les destinées de la France impériale.

Napoléon, arrivé au sommet de la puissance, après avoir voulu corriger ses grandes folies par d'autres plus

L'INVASION.

grandes encore, oubliant, selon l'expression de Montesquieu, « qu'il y a de certaines bornes que la nature a données aux États pour mortifier l'ambition des hommes », se sentit un moment faible et désarmé devant ce peuple français dont les conquêtes allaient

l'instruction publique en 1848, sénateur depuis 1875, membre de l'Institut, etc. A eu deux fils : l'un est actuellement professeur à l'Ecole des mines ; l'autre, député de la Côte-d'Or depuis 1871.

toujours grandissant, mais dont les murmures commençaient à s'élever chaque fois que l'insatiable conquérant l'entraînait dans de nouvelles aventures. Régnant sans contradiction, il allait tomber sans appui. A ce moment, il flattait beaucoup Carnot, cherchant à s'attacher ce grand nom populaire. Il lui offrit tout : honneurs, fortune, s'il consentait à le servir : « Quand vous voudrez, comme vous voudrez, tout ce que vous voudrez ! » lui disait-il.

Carnot refusa énergiquement.

Mais, quand, après avoir été entraînée pendant quinze ans sur tous les champs de bataille, des sables brûlants de l'Égypte aux steppes glacés de la Russie, la France, harcelée sans trêve ni merci par la meute de ses ennemis, succomba sous les coups d'un million d'hommes ; quand les grenadiers prussiens arrivèrent en Alsace ; quand les hussards hongrois descendirent de la forêt Noire ; quand les Cosaques du Don et de l'Ukraine parurent sur les bords du Rhin, Carnot n'hésita pas, et, sortant de son repos, l'homme qui avait sauvé la France vint offrir le secours de son bras à l'homme qui l'avait perdue.

Le 24 janvier 1814, Carnot était à la bibliothèque de l'Institut. Des journaux venaient d'arriver, épars sur la table. Il y jette les yeux, se lève brusquement, parcourt la salle à grands pas, en proie à une agitation fièvreuse. L'ennemi venait d'entrer en Alsace. Il se rassied et écrit :

« Sire,

« Aussi longtemps que le succès a couronné vos entreprises, je me suis abstenu d'offrir à Votre Majesté des services que je n'ai pas cru lui être agréables. Aujourd'hui que la mauvaise fortune met votre con-

stance à une grande épreuve, je ne balance plus à vous
faire l'offre des faibles moyens qui me restent. C'est
peu de chose, sans doute, que l'effort d'un bras sexagé-
naire ; mais j'ai pensé que l'exemple d'un soldat dont
les sentiments patriotiques sont connus pourrait rallier
à vos aigles beaucoup de gens incertains du parti qu'ils
doivent prendre, et qui peuvent se laisser persuader
que ce serait servir leur pays que de les abandonner.
Il est encore temps pour vous de conquérir une
paix glorieuse et de faire que l'amour du grand peuple
vous soit rendu. »

Cette lettre produisit sur Napoléon une vive impres-
sion, et le Ministre de la guerre Clarke dit le lendemain
à Carnot : « Tout autre que vous ne l'aurait pas écrite
impunément. »

Cependant Napoléon dit à son ministre : « Dès que
Carnot m'offre ses services, il sera fidèle à son poste.
Je le nomme gouverneur d'Anvers ; c'est une des clefs
de l'empire, notre arsenal maritime et notre boulevard
aux frontières du Nord. Expédiez-lui ses pouvoirs sur-
le-champ, et dites-lui bien que *je lui confie la première
place de la France.* »

Quand le ministre de la guerre voulut rédiger les
lettres-patentes qui lui conféraient le commandement de
cette place, il se trouva bien embarrassé et fort surpris.
Carnot, qui avait commandé les armées de la République, nommé les généraux et Napoléon lui-même, n'était
que *chef de bataillon*. Il s'était toujours volontairement
oublié. Il fallut prendre prétexte qu'il avait été sous le
Consulat « inspecteur aux revues » pour inscrire sur le
brevet : « Carnot, général de division.... »

Carnot partit sans voir l'empereur.

La Belgique était envahie, et ce fut au péril de sa
vie qu'échappant aux poursuites des Cosaques, il réussit

à traverser les masses anglaises et prussiennes. Quand il arriva, le bombardement était commencé, et ce fut sous le feu de l'ennemi qu'il pénétra dans la place.

Le 2 février 1814, lorsque le gouverneur fit son entrée dans la ville, les troupes et la population, se montrant le héros de Wattignies, criaient : « Voilà Carnot, nous sommes sauvés! »

Carnot, retrouvant l'énergie qu'il avait déployée au temps de la Révolution, fit le tour des remparts. Il dirigeait lui-même le feu et pointait les pièces. Les Anglais firent pleuvoir sur la ville une grêle de boulets rouges. Dans le port, le *Charlemagne*, le *Conquérant*, le *César* furent atteints. Le *Commerce de Lyon* sauta. Dans la nuit, Carnot établit de nouvelles batteries, et le lendemain, dès la pointe du jour, il vint lui-même tout animer de sa présence et dirigea le feu avec tant de justesse et de vivacité que les batteries ennemies furent démontées. L'ennemi éteignit ses feux de ce côté. Le port était hors d'atteinte, la flotte, « objet de toutes les fureurs de l'Angleterre », était sauvée.

Désespérant d'incendier les navires, les Anglais envoyèrent sur les maisons et les monuments 1,500 bombes et 800 boulets rouges. On supporta cette pluie de bombes et d'obus avec impassibilité.

Enfin, par des sorties vigoureuses, l'ennemi fut partout débusqué et rejeté hors des ouvrages qu'il avait construits. Carnot, au lieu de raser les faubourgs, s'en servit au contraire pour la résistance et s'attira la reconnaissance des habitants dont il préserva ainsi les maisons. Il mit Merxem, Dam et le faubourg de Borgerhout en état de défense, en fit de véritables petites places fortes en avant de la grande, et il construisit, vis-à-vis de la *Porte Rouge*, un fort pour battre la digue. Ce fort porte le nom de « Carnot ».

Ayant repoussé victorieusement toutes les attaques et se trouvant en mesure de répondre au feu de l'ennemi, il contraignit les assaillants (chez qui, du reste, les munitions commençaient à manquer) à se retirer à distance respectueuse et à changer le siège en blocus, montrant clairement qu'on ne lasserait pas plus sa patience que son courage.

Cette défense d'Anvers fut *le traité de la défense des places* de Carnot, mis en action par l'auteur.

Toutes ses qualités d'ingénieur et de tacticien trouvèrent là l'occasion de se déployer.

Il prouva que le système de guerre « en masses mobiles » qu'il avait adopté pendant la Révolution et appliqué sur un cordon de cinq cents lieues, avec un million d'hommes, pouvait se plier aux exigences d'une place assiégée, sur une ligne de trois ou quatre lieues, avec une poignée de soldats.

Le jour même de son arrivée, il avait constitué un *conseil de défense* où il appela les officiers supérieurs de terre et de mer, le préfet du département et le préfet maritime. Fidèle à la théorie qu'il avait constamment soutenue sur l'obéissance, il tenait essentiellement à cette assemblée délibérante, persuadé « qu'un gouvernement habile, en profitant de la diversité des avis, doit toujours savoir les ramener à l'unité, et qu'il y a toujours avantage à transformer l'obéissance aveugle en conviction raisonnée ».

« Homme de tête et d'action, dit M. Depasse, organisateur, général, officier d'artillerie, il sut à la fois combattre et gouverner. Soldat et citoyen, il remplit son devoir jusqu'aux dernières extrémités et laissa aux gouverneurs de places un admirable modèle de conduite pour tous les genres de périls ».

Tous les dangers et toutes les épreuves auxquels

peuvent être exposés les défenseurs de places assiégées, Carnot les connut en effet et sut en triompher. En même temps qu'il repoussait l'ennemi par des sorties vigoureuses, il fallait qu'il donnât du cœur et de l'énergie à une grande ville troublée par des passions contraires, divisée par les partis, désespérée par ses souffrances et inquiétée par des nouvelles désastreuses, les défaites de la France, l'écroulement de l'Empire. Par sa fière attitude, il rendit confiance aux assiégés, établit l'ordre dans la place et inspira à la garnison un esprit de dévouement absolu. Il avait trouvé, à son arrivée, la solde arriérée de trois mois. Les officiers en étaient venus à vendre leurs bottes pour vivre et les soldats à mendier leur pain pour ne pas mourir de faim. Il avait quinze mille pauvres civils à nourrir; ses huit à dix mille hommes de troupe, depuis le général jusqu'au conscrit, étaient dans le plus triste dénuement, et les caisses de l'Etat étaient vides. Il demanda un emprunt d'un million aux banquiers. Ceux-ci l'ayant refusé, il les fit enfermer à la citadelle, pour leur apprendre l'honneur. Puis, avec les cuivres de l'arsenal, il frappa une monnaie obsidionale de cinq et dix centimes, de valeur intrinsèque égale à la valeur nominale et au chiffre de l'Empereur vaincu. C'est ainsi qu'il paya, avec son exactitude et sa probité accoutumées, les vivres qu'il prit pour nourrir ses soldats et les travaux qu'il exécuta pour protéger la ville.

Le défenseur d'Anvers résista à toutes les sommations, à toutes les séductions de l'ennemi.

Bulow, général en chef de l'armée prussienne, écrivit à Carnot:

« Nos grandes armées sont à quinze lieues de Paris, le général Wellington avance de Bayonne, les généraux Blücher et Winzingerode ont dépassé Châlons et Reims;

Bois-le-Duc est rendu, Gorcum vient de capituler ; de nombreux renforts de troupes allemandes et hollandaises m'arrivent tous les jours, le prince royal de Suède avec l'armée du Nord arrive au Rhin, et partout, au cœur de la France même, l'esprit du peuple nous prouve que nous sommes les bienvenus !... »

Après les menaces, les flatteries, l'appât du pouvoir. Il lui propose de rendre la paix et le bonheur à la France; il lui offre de faire de lui on ne sait quelle sorte de roi ou d'empereur.

« Votre Excellence, continue Bulow, dont les talents comme militaire et comme homme de cabinet sont également connus, dont le caractère juste et loyal ne s'est jamais démenti, Votre Excellence se trouve aujourd'hui dans une situation à pouvoir effectuer un bien infini, si elle le veut. Qu'elle se mette *à la tête d'un peuple qui brise ses fers ;* qu'elle organise ses moyens, qu'elle prépare le bien futur de la France ; qu'elle fasse un effort courageux et qu'elle s'immortalise en formant un parti décidé à délivrer sa patrie. Je jouirai d'une façon particulière à pouvoir contribuer au bien de la France par les Français mêmes... Quelle que puisse être la résolution de Votre Excellence, elle ne changera rien aux sentiments de la profonde estime et de la plus haute considération avec laquelle, etc.

« Le comte de Bulow. »

« *Au quartier général de Bruxelles.*

« Le 11 février 1814. »

Carnot répondit à Bulow :

« Monsieur le général,

« J'ai trop à cœur de conserver l'estime dont vous me donnez le témoignage dans votre lettre pour ne pas défendre, par tous les moyens qui sont en mon pouvoir, le poste honorable que m'a confié l'empereur des Français.

« Plus nous avons essuyé de malheurs, plus nos efforts sont nécessaires pour les réparer. J'ai le bonheur de commander dans une place aussi bien armée contre la séduction que contre la force ouverte ; et la loyauté de ma garnison est égale à son courage.

« Nos vœux sont pour une paix honorable, que nous savons ne pouvoir obtenir que par des victoires.... »

Le gouverneur d'Anvers devait subir une dernière épreuve, la plus terrible qui soit réservée à un assiégé. Dans une contrée étrangère, au milieu de l'Europe en armes, isolé dans la place qui lui avait été confiée, seul, sans autre appui que sa conscience, il devait apprendre par la bouche de l'ennemi la chute du gouvernement de qui il tenait ses pouvoirs et l'envahissement complet de sa patrie vaincue.

La France, malgré une résistance énergique, malgré les coups de foudre de Champaubert, de Montmirail, de Montereau, de Craonne, écrasée, abandonnée du Sénat, mal servie ou trahie par ses défenseurs, le roi Joseph, Hullin, Clarke, Marmont, la France, vaincue, dépose les armes, et Paris capitule.

Le jeudi 31 mars 1814, les souverains alliés avaient fait leur entrée triomphale dans la capitale.

Le 3 avril, le Sénat avait prononcé la déchéance de Bonaparte.

Le 6, Napoléon avait abdiqué.

Le 6, le Sénat rappelait les Bourbons et proclamait roi le comte de Provence.

Le 23, un traité signé avec l'ennemi faisait rentrer le royaume nouveau dans les limites de l'ancien. Les conquêtes mêmes de la République étaient abandonnées.

Le 25, un courrier à cocarde blanche apporta à Carnot une lettre du ministre de la guerre contenant l'ordre formel de livrer la place à l'ennemi : Anvers n'appartenait plus à la France. Il fallait se rendre.

Carnot refusa de signer la capitulation et resta quand même.

Le ministre de la guerre, Dupont, voulut envoyer Carnot-Feulins, mais le général Feulins refusa « d'aller livrer une ville glorieusement défendue par son frère ».

Enfin, un commissaire royal arriva pour opérer la reddition d'Anvers, que son défenseur avait conservée à la France pendant un mois entier après la chute de Napoléon.

Avant de se séparer de cette vaillante cité, Carnot lui adressa ses vœux pour sa prospérité, ses félicitations pour sa conduite courageuse et sa gratitude pour les marques de confiance dont elle n'avait cessé de l'honorer. Enfin, son abnégation étant aussi haute que son patriotisme, il fit violence à ses sentiments personnels, et, toute résistance au nouveau gouvernement ne pouvant être qu'une folie, il adressa une proclamation à son héroïque petite armée pour lui recommander le calme et l'union, la résignation et la soumission aux lois. Quant à lui, ayant fait son devoir, il allait toutours rester fidèle à ses principes de liberté, malgré les menaces des uns et les flatteries des autres, malgré les lâchetés et les trahisons éhontées du temps, malgré ses souvenirs insultés.

Rapprochement fatidique... Le 3 mai 1814, au moment où Louis XVIII, « Roy de France et de Navarre », dans une calèche à huit chevaux caparaçonnés, entouré d'émigrés et de maréchaux, faisait son entrée dans Paris au milieu d'un peuple muet, Carnot, à cheval, à la tête de ses troupes, sortait d'Anvers avec les honneurs de la guerre, musique en tête et drapeaux déployés, suivi d'une foule émue qui le reconduisit longtemps sur la route de France, en lui faisant les plus touchants adieux.

A Borgerhout, à l'entrée d'Anvers, une table de marbre porte ces mots gravés en lettres d'or :

AU GÉNÉRAL CARNOT

LA VILLE D'ANVERS RECONNAISSANTE.

Cinquante et un ans plus tard, en 1865, Anvers devait élever une statue à Carnot en souvenir du siège de 1814.

Dans la salle du Trône, un jour d'audience solennelle, Carnot fut présenté à Louis XVIII et à la famille royale. Au nom du défenseur d'Anvers, le roi, affectant de regarder de côté et hochant la tête, se mit à murmurer quelques paroles inintelligibles.

« Ces gens-là ne sont pas français ! » dit Carnot à ses amis. C'était la première fois qu'il voyait le roi. Ce fut la dernière.

« On ne pouvait pas, dit Thiers, attendre la sagesse » « des princes de Bourbon et de leurs amis, tant ils » « étaient peu élevés à croire qu'en dehors du droit

« royal il pût y avoir un droit quelconque dérivant de
« la nation ou remontant à elle. »

Ils regardaient leurs sujets comme un bétail et,
selon l'énergique expression de Louis Blanc, « la France
pour eux était un patrimoine qui venait de leur être
rendu par les flots de l'invasion dont ils furent comme
l'écume ».

C'est alors que Carnot écrivit son fameux *Mémoire
au roi* et cette page vengeresse :

« Si vous voulez paraître à la cour avec distinction,
gardez-vous bien de dire que vous êtes un de ces vingt-
cinq millions de citoyens qui ont défendu leur patrie
avec quelque courage contre l'invasion des ennemis,
car on vous répondra que ces vingt-cinq millions de
prétendus citoyens sont vingt-cinq millions de ré-
voltés ; que ces prétendus ennemis furent toujours des
amis. Dites que vous avez eu le bonheur d'être *chouan*
ou Vendéen, ou transfuge, ou Cosaque, ou Anglais,
ou enfin qu'étant resté en France, vous n'avez solli-
cité des places auprès des gouvernements éphémères
qui ont précédé la Restauration qu'afin de les mieux
trahir et de les faire plus tôt succomber ; alors votre
fidélité sera portée aux nues, vous recevrez de tendres
félicitations, des récompenses affectueuses.....

« Prétendent-ils donc rentrer en conquérants, ceux
qui n'ont été pour rien dans la Révolution ? Croient-
ils nous ramener avant 1789, comme si la raison pouvait rétrograder ? Espèrent-ils nous faire proclamer
que la Révolution n'est qu'un amas de forfaits,
lorsqu'elle n'en offre pas d'autres que ceux dont ils
sont la cause ? Ce sont les défenseurs du sol qui
forment le corps impérissable de la nation, de cette
nation puissante et victorieuse pendant tant d'années ;
ils n'entendent pas qu'on touche à leurs lauriers,

si ce n'est pour les partager fraternellement, si l'on
s'en croit digne, mais non pour les flétrir ! »

Le *Mémoire au roi* contribua autant à la chute de
la première Restauration que les maladresses des Bourbons.

Les écoles, les grades sont rendus à la noblesse
comme avant 1789 ; titres et décorations sont prodigués
à ceux qui, mêlés aux armées étrangères, n'ont cessé
de combattre leur pays. Masséna, Exelmans, Vandamme sont dégradés. On anoblit la famille de Cadou-
dal l'assassin, et on élève à Quiberon un monument
aux émigrés qui, en 1793, y débarquèrent pour attaquer
leur patrie.

Abusant des baïonnettes des Prussiens et des Russes,
la Restauration viole ses promesses, flétrit la Révolution comme une révolte, renverse la souveraineté
nationale et rétablit le droit divin.

La haine de l'ancien régime éclate, le peuple est prêt
à se soulever.

Napoléon apparaît sur le rivage de Cannes, et le roi
s'enfuit.

A peine aux Tuileries, Napoléon, qui venait de se tra-
cer une route rapide à travers la France avec les mots
magiques de liberté et de patrie, voulant prouver qu'il
abandonnait son ancien despotisme et, pour donner au
pays un gage de ses intentions libérales, offrit à Carnot,
patriote et républicain, le ministère de l'intérieur.

Carnot n'était pas accouru en flatteur, comme tant
d'autres. Il vivait seul, isolé et ignoré. « Il ne se montra pas à la faveur de l'empereur, dit Thiers, et il
fallut, après avoir songé à lui, l'envoyer chercher. »
Napoléon, après lui avoir dit que sa présence était indispensable dans le gouvernement franchement libéral
qu'il voulait organiser, ajouta : « J'espère que nous ne

serons plus ennemis ! » — « Nous ne l'avons jamais été, répondit Carnot, quand il s'est agi des intérêts de la France. Il ne m'est pas permis de refuser en ce moment ! »

En ce moment, en effet, il s'agissait de défendre les conquêtes de 1789 contre la réaction, la nouvelle France contre la royauté d'un autre âge, l'égalité contre les privilèges, l'avenir contre le passé.

Louis XVIII, comme Louis XVI en 1792, déclarait la guerre à la nation.

Carnot entra au gouvernement avec Benjamin Constant, à qui Napoléon venait de jurer de rétablir les libertés, toutes les libertés, et à qui il venait de dire :

« Je ne suis pas seulement l'empereur des soldats, je suis celui du peuple, des paysans, des plébéiens ; aussi, malgré tout mon passé, le peuple revient à moi. Des discussions publiques, des représentants de la nation librement élus, des ministres responsables, des élections libres, la presse libre, je veux tout cela. »

Que ce langage ait été sincère ou non, n'était-ce pas la cause de Carnot, l'idée de toute sa vie ? N'avait-il pas aussi, lui soldat, entendu cette proclamation partie de la plage de Cannes : « Arrachez les couleurs que la nation a proscrites... Arborez cette cocarde tricolore que vous portiez dans nos grandes journées... la victoire marchera au pas de charge ! » Enfin, ses amis politiques, des libéraux, des amis de la République, de vieux conventionnels, allaient siéger à la Chambre nouvelle : Cambon, Dupin, Lafayette, Lanjuinais, Malleville, Manuel...

C'était donc bien la liberté qu'il s'agissait de défendre contre la royauté et le despotisme.

« J'ai accepté sans peine, écrivit plus tard Carnot, la place qui m'a été proposée par Napoléon en 1815, par ce que j'avais l'espoir d'y faire le bien. J'ai profité de la confiance qu'il paraissait m'avoir accordée pour le détourner des actes arbitraires auxquels il était si naturellement porté. Je lui ai parlé avec mon indépendance accoutumée. Je lui suis demeuré fidèle jusqu'à son abdication, je l'ai défendu avec un zèle extrême, parce que je ne sais pas défendre autrement, et que j'ai cru, dans le chef de l'Etat, défendre la patrie. »

« Il importe que l'Europe le sache, dit un autre conventionnel (Garnier de Saintes), aucun dissentiment ne subsiste parmi nous quand il s'agit de sauver la France. Dans ce but sacré et glorieux, nous ne faisons qu'un avec l'Empereur. »

« Si cet homme nous trompe, disait un républicain, qui lui aussi avait siégé à la Convention sur les bancs de la Montagne, Crévelier de la Charente, si cet homme nous trompe, nous aurons rempli notre devoir, et nous irons, comme le vieux Romain, reprendre notre charrue; mais du moins le sol qu'elle creusera n'aura pas été foulé par l'invasion. »

Le général Lecourbe, resté en disgrâce pendant l'Empire, dans ses montagnes du Jura, vint aussi spontanément offrir son épée.

Tous les républicains se groupèrent pour la défense nationale. Ce n'était pas le moment de récriminer, et ils donnèrent là un grand exemple de patriotisme.

Carnot, fidèle à sa belle devise: « Le salut du peuple est la loi suprême, » se conduisit alors, comme toujours, en bon citoyen, et resta fermement attaché à ce drapeau tricolore, qui est, comme il le disait après la trahison de Dumouriez, « le drapeau de la Révolution, l'étendard de la liberté ».

Voici un fait qui montre qu'il n'était pas là en courtisan :

Il reçut, le 22 mars, une lettre de l'archichancelier Cambacérès lui annonçant qu'un décret lui conférait le titre de *comte* et qu'il n'avait qu'à en faire la demande pour en recevoir expédition immédiate. Son secrétaire particulier, après lui avoir communiqué cette lettre, lui demanda quelle réponse il devait faire. « Aucune, répondit Carnot, je ne veux ni *affubler* mon nom d'un *sobriquet* ni procurer aux ennemis du Gouvernement, par un refus bruyant, l'occasion de dire que je m'en sépare. »

Cambacérès, ne recevant pas de réponse, écrivit encore une fois à Carnot pour réitérer l'offre. Cette seconde missive n'eut pas plus de succès que la première. Carnot, en effet, « n'affubla jamais son nom de ce sobriquet », aucune de ses signatures n'en est ornée et son titre sur parchemin resta enseveli dans la poussière des cartons, d'où il n'est jamais sorti. (Témoignage du secrétaire de Carnot, M. Ransonnet. (*Mémoires de Carnot par son fils*, t. II, p. 428.)

Le ministère de l'intérieur n'était pas une sinécure. Le nom de Carnot rassura le pays agité en sens divers par la violence des partis. Il employa ses efforts à le pacifier, surtout à l'éclairer, et comme l'instruction publique relevait de son Ministère, il se dévoua avec ardeur à l'éducation populaire. Il voulait, d'après les principes de Lakanal [1], « apprendre à lire et à penser aux jeunes générations pour en faire des hommes et des citoyens, en fondant l'éducation virile et civique, puisée et nourrie à la sève nationale et patriotique. »

Carnot fut le premier organisateur de l'*enseignement*

---

1. Voir sur ce sujet *Lakanal*, par M. Le Gendre. 1 vol. de la Bibliothèque française. E. Weill et G. Maurice, éditeurs. Paris, 1882

populaire laïque. Jusqu'à la Révolution l'enseignement avait appartenu aux congrégations religieuses. Lakanal, sous la Convention, avait dressé un admirable plan d'éducation que la grande Assemblée révolutionnaire s'était empressée d'adopter; mais il avait à peine été mis en œuvre. Carnot reprit ces idées, en s'appuyant sur les méthodes de Lankaster et de Bell, appliquées en Amérique et en Angleterre. Il ouvrit à Paris, en mai 1815, la première école officielle d'enseignement laïque, sous le nom d'*école mutuelle.* — « Il ne s'agit pas, disait-il, de faire des demi-savants, mais de donner à chacun des lumières appropriées à son état, de former de bons cultivateurs, de bons ouvriers, des hommes vertueux, à l'aide des connaissances indispensables et de bonnes habitudes, qui inspirent l'amour du travail et le respect des lois. »

L'*École modèle* fut installée à Paris dans l'église Saint-Jean de Beauvais. Elle était à peine ouverte que Cosaques vinrent y attacher leurs chevaux.

Cependant l'œuvre de Carnot prospéra.

Dix ans après, la France comptait quinze cents de ces écoles. Mais la monarchie de droit divin qui, sans doute, n'avait pas besoin de tant « de bons cultivateurs et de bons ouvriers », renversa toutes ces écoles d'un royal trait de plume (ordonnance du 8 avril 1824), et ce n'est que de nos jours que l'enseignement laïque a été définitivement rétabli.

Mais l'Europe allait de nouveau marcher sur la France.

Le 11 juin, Napoléon vint trouver Carnot et lui exposa son plan. Carnot le combattit avec vivacité. Si la France pouvait être sauvée, elle ne pouvait l'être que par les moyens qu'il proposa. Il conseilla une résistance aussi prudente que vigoureuse. Il voulait soulever un

mouvement national formidable comme celui qu'il
avait lancé pendant la Révolution, s'appuyer sur la
Seine et la Marne, organiser une défense inexpugnable
en fortifiant Paris, en jetant dans les places frontières
assez d'hommes, de vivres et de munitions pour braver
tous les sièges. Il voulait attendre l'ennemi, l'attaquer
séparément, le diviser et le rompre par des coups pré-

APRÈS WATERLOO.

cipités ; mais il ne voulait, sous aucun prétexte et à
aucun prix, voir jouer en une seule journée et sur un
champ de bataille unique les destinées du pays.

Napoléon l'écouta avec une attention profonde ; puis,
se levant, il sortit en disant : « Vous avez raison ; mais,
il me faut un coup d'éclat ! »

Dans la nuit, Napoléon partit pour rejoindre l'armée
en Belgique.

Sept jours après, on apprenait le foudroyant désastre de Waterloo.

A cette nouvelle, Carnot bondit de désespoir.

Les débris de notre armée, soldats, fédérés, gardes nationaux, élèves de l'Ecole polytechnique demandent à sauver la France et sont prêts à mourir pour elle. Carnot propose la levée en masse, comme en 1793, et veut combattre, comme à Wattignies, un fusil à la main !

Il est trop tard, l'infâme Fouché, duc d'Otrante, ministre de la police, ancien massacreur de Lyon, traître à tous les gouvernements, « Fouché, le nom, après Carrier, le plus sanglant de France », dit Michelet, négocie depuis trois mois avec l'ennemi et le roi, trahit le gouvernement provisoire, ses collègues, les représentants, la nation et l'armée.

L'élan patriotique de Carnot n'est pas imité, sa proposition réitérée de lever toute la France dans un armement général n'est pas écoutée, et quand l'homme de Waterloo signe sa seconde abdication, lui, son ministre désolé, ne peut retenir ses larmes.

Ah ! certes, il ne faut pas s'y tromper : ces larmes n'étaient pas versées sur l'infortune de Napoléon, châtiment terrible proportionné à la faute ; mais Carnot voyait les Fourches Caudines sous lesquelles l'Europe allait faire passer la France.

C'est alors que l'empereur vaincu lui dit : « Monsieur Carnot, je vous ai connu trop tard. »

Un gouvernement provisoire fut organisé après l'abdication.

Une commission de gouvernement fut nommée par les Chambres. Elle fut composée de cinq membres. La Chambre des représentants y envoya Carnot, le premier de la liste. Les autres commissaires furent Fouché, le général Grenier, Caulaincourt et Quinette. Cette commission était chargée du pouvoir exécutif pendant qu'une constitution serait mise à l'étude par les représentants.

Fouché, en entrant dans la salle réservée à la commission, le 23 juin, s'assit, comme par distraction, sur le fauteuil destiné au président. Ses quatre collègues prirent place. Le général Grenier dit : « Messieurs, il faut nous constituer promptement, je propose de nommer président M. le duc d'Otrante. » Caulaincourt dit : « Oui. » Quinette fit un signe approbatif. Carnot ne vota pas ; la majorité était exprimée. Telle est, à certains moments la fatalité. Aucun d'eux n'avait d'estime pour Fouché ; mais, à la vérité, si les commissaires se défiaient de lui, ils ignoraient du moins ses intrigues et ne pensaient pas qu'il eût jamais la lâcheté de les trahir.

En attendant, Fouché flattait et trompait tout le monde, parlant à ceux-ci de Napoléon II, à ceux-là du duc d'Orléans, à d'autres de la République, à un plus grand nombre de Louis XVIII. Enfin, comme son acolyte Davoust venait un jour agiter devant le conseil et les bureaux des deux Chambres la question du retour des Bourbons, Carnot indigné l'interrompit, frappant sur la table et s'écriant qu'il protestait. « Vous perdez, par cette fatale témérité votre tête et la mienne ! » lui dit Fouché. « Il s'agit bien de votre tête et de la mienne, lui répondit Carnot, il s'agit de l'honneur et du salut de la patrie ! »

Carnot proposa encore une fois « de rassembler derrière la Loire toutes les forces armées de la nation, surprise et non terrassée, et de stipuler pour la France intégrité et liberté, ou d'entamer alors une de ces guerres désespérées qui font les peuples héros ! » — « Vous êtes fou ! » s'écria Fouché. — « Et vous, lui répliqua Carnot, vous êtes traître ! »

Cette commission dura quinze jours, et pendant ces quinze jours-là, Fouché gouverna la France, pour son malheur. Il la livra en pâture aux Anglais, aux Prussiens, aux Autrichiens, aux Russes; il la livra sans condition aux vengeances des Bourbons.

Le 6 juillet, Blücher entra dans Paris, marcha droit au Louvre, rangea ses régiments en ordre de bataille sur la place du Carrousel et mit ses canons en batterie devant le palais des Tuileries où siégeaient les membres du Gouvernement. Un officier prussien entra dans leur salle des délibérations et les somma de se dissoudre. Carnot, Grenier, Quinette et Caulaincourt protestèrent. Ils sortirent, ne cédant qu'à la force.

En même temps, comme Carnot-Feulins était à la tribune, lisant un projet de Constitution, la Chambre fut envahie par les troupes étrangères. Les représentants quittèrent leurs sièges, expulsés par les baïonnettes de l'ennemi.

Les Cosaques campaient aux Champs-Elysées et les Prussiens au Luxembourg. Le *roi de Gand* pouvait revenir. L'œuvre de Fouché était accomplie.

CHAPITRE XII

—

1815-1823

Exil et mort de Carnot.

Le 24 juillet 1815, Louis XVIII inscrivit Carnot le premier en tête de sa liste de proscription. Les services qu'il avait rendus à la patrie et non au trône, son cœur invaincu, méritaient bien cette première place.

« L'expulsion de tous les régicides dont la présence souillait le royaume » fut bientôt confirmée par la Chambre introuvable.

Pour la seconde fois Carnot prit le chemin de l'exil. C'était pour y mourir.

Il passa d'abord en Belgique par la route d'Avesnes. Un matin, en approchant de la frontière, à droite de la route et sur le sommet d'une colline entourée d'arbres jaunis par les premiers souffles de l'automne, une ferme apparut, éclairée par les lueurs de l'aurore. C'était la ferme de Glarge. Cette ferme domine le plateau de Wattignies. Vingt-deux ans avant, jour pour jour, là, Carnot avait sauvé la République. C'est la dernière terre française qu'il ait vue.

Carnot ne s'arrêta que peu de temps à Bruxelles, où il arriva le 20 octobre, et se rendit à Varsovie. Alexandre de Russie le tenait en grande estime. Il s'occupa personnellement de le soustraire aux recherches de ses proscripteurs et donna des ordres pour sa sûreté. Le czar fit plus encore, il voulut le nommer lieutenant général de son armée. Mais Carnot avait l'âme trop haute pour oublier « qu'on n'emporte pas la patrie à la semelle de ses souliers ».

TOMBEAU DE CARNOT A MAGDEBOURG.

Fonctions lucratives, honneurs, pensions, lui furent offerts en Russie. Il refusa tout. Quand il était gouverneur d'Anvers, il avait refusé quatre millions, dit-on, et au temps où tant d'autres se disputaient titres de noblesse et riches dotations, il avait à peine de quoi vivre en exil.

Mais Varsovie était bien loin de la France. Après quelques années, il vint habiter Magdebourg, où ses amis et sa famille pouvaient plus facilement lui apporter des nouvelles de la patrie.

Il ne se laissa d'abord nullement abattre. Cependant

les événements qui se déroulaient en France l'attristaient de jour en jour. Les Bourbons, cette dynastie deux fois fille de l'invasion, les actes des royalistes, plus royalistes que le roi, ne devaient-ils pas faire monter, avec le mépris et l'indignation, la tristesse au front de Carnot?

Que devait penser ce Français en apprenant que d'illustres soldats, coupables d'avoir défendu à outrance le sol sacré de la patrie, les frères Faucher, Brune, Ramel, Lagarde, Mouton-Duvernet, Chartran, Labédoyère, Ney, sont massacrés ou fusillés..., en songeant que le drapeau tricolore, qu'il avait rendu si glorieux, est abattu, comme un emblème de crime et de honte, brûlé par la main du bourreau, remplacé sur nos forteresses et nos panthéons par le drapeau blanc?... Que devait penser ce républicain en voyant les princes émigrés, amis de l'étranger, ramenés par l'ennemi et par des traîtres sur le trône qu'il avait renversé?... Que devait penser plus tard ce plébéien au moment où les restes de notre malheureuse armée franchissaient les Pyrénées pour restaurer en Espagne le trône des Bourbons, l'inquisition, le despotisme, et pour combattre cette liberté des peuples pour laquelle la France avait tant de fois prodigué son sang?

La Révolution est écrasée, la justice éteinte, la liberté perdue!

Carnot n'a plus qu'à mourir.

Avant de descendre dans la tombe, le proscrit (qui ne conserve plus pour son pays d'autre espoir qu'un avenir meilleur, et pour lui-même d'autre espérance que le jugement de la prostérité) adresse ses adieux à la France dans cette admirable page, écrite pour elle déjà au temps de son premier exil, et toute palpitante, comme son cœur, du violent amour de la patrie :

« O France, ô ma patrie, ô grand peuple, véritable-
ment grand peuple! C'est sur ton sol que j'eus le
bonheur de naître : *je ne puis cesser de t'appartenir
qu'en cessant d'exister.* Tu renfermes tous les objets
de mon affection..., une famille sans tache, des amis
qui connaissent le fond de mon cœur, qui savent si
jamais il conçut d'autre pensée que celle du bonheur
de ses compatriotes, s'il forma d'autre vœu que
celui de ta gloire immortelle, de ta constante prospérité. Reçois ce vœu que je renouvelle chaque jour,
que j'adresse en ce moment à tout ce que tu contiens
d'âmes honnêtes et vertueuses, à tous ceux qui conservent au dedans d'eux-mêmes l'étincelle sacrée de
la liberté, et je finis par la prière des Spartiates : O
dieux, faites que nous puissions supporter l'injustice ! »

Un fils qui consolait son exil lui avait rapporté de
France, dans les derniers moments de sa vie, un dessin
de son pays natal. Ce fut pour lui une grande joie. Il
le considérait souvent dans de longues rêveries et,
quelques semaines avant sa mort, il écrivit à un ami
de Nolay qui venait de le féliciter sur le soixante-
dixième anniversaire de sa naissance : « J'ai lu et relu
avec un sentiment inexprimable votre charmante lettre
du 13 mai. Me voilà septuagénaire, mais en recevant
de si touchantes marques d'affection de vous et de ce
que vous avez de plus cher, je me crois rajeuni, je
crois revoir la cascade de mon pays natal, je crois en
ressentir la fraîcheur et entendre le chant des oiseaux
qui peuplent les bosquets d'alentour. »

Cependant, un profond sentiment de tristesse minait
l'exilé. Il parlait sans cesse de sa chère France. Tous
les souvenirs de son enfance se retraçaient dans sa
mémoire avec une prodigieuse netteté, et une larme
roulait dans ses yeux.

Le 2 août 1823, à huit heures du soir, il poussa un profond soupir. Le grand homme s'était endormi pour toujours.

Aujourd'hui, à Magdebourg, en Prusse, on voit au cimetière, dans les herbes incultes, une simple pierre avec cette inscription :

CARNOT.

APPENDICE

La ville de Nolay a élevé une statue à la mémoire de Carnot. L'inauguration de cette statue a eu lieu le 3 septembre 1882, sous la présidence de M. le général Billot, Ministre de la guerre, assisté d'un délégué du Président de la République et de M. Henri Martin.

Voici les discours qui ont été prononcés à cette fête patriotique :

I

DISCOURS DE M. GRILLOT, MAIRE DE NOLAY

« Monsieur le ministre, Messieurs,

« Le maire de Nolay se félicite d'avoir l'honneur de vous présenter au nom de cette cité le monument qu'elle a enfin pu élever à la gloire de son illustre enfant.

« Il était temps que Carnot, dont la vie entière a été consacrée au service de la patrie, obtînt enfin ce témoignage de la reconnaissance publique.

« Le conseil municipal et le comité Carnot se sont proposé, en érigeant une statue à notre grand concitoyen, de donner son civisme, son amour de la France en exemple aux générations qui nous suivent. Tel était notre but.

« La troisième République, et nous lui en rendons hommage, nous a permis d'arriver à bien.

« Monsieur le ministre, vous tous, Messieurs, qui par votre présence ici êtes venu donner un si vif éclat à cette fête du patriotisme, je vous prie d'agréer les sentiments unanimes de notre profonde reconnaissance.

« Mon général, en rendant compte des faits de cette journée à M. le Président de la République, qui a bien voulu nous faire l'honneur de vous déléguer pour le représenter à nos fêtes, nous vous prions d'être notre interprète auprès de sa personne et de lui dire combien nous aimons à nous souvenir qu'il nous offre chaque jour l'exemple des vertus civiques dont le grand Carnot a été la personnification la plus haute.

« Il n'appartient pas au maire de Nolay de faire l'éloge de Lazare Carnot.

« Des voix éloquentes le présenteront dans un instant tel qu'il a été, et la France comptera une belle page de plus dans ses annales.

« Que les artistes reçoivent nos félicitations. Vous, monsieur Roulleau, vous avez mis votre talent à rendre une grande figure ; vous aussi, monsieur Deglane, vous avez attaché votre nom à une belle œuvre. Nous vous remercions tous.

« Je ne veux pas terminer sans formuler un vœu qui est dans tous nos cœurs : c'est qu'on ramène les cendres de notre grand compatriote. Les représentants du Gouvernement, les sénateurs et députés de la Côte-d'Or nous aideront à la réalisation de ce vœu. »

II

DISCOURS DE M. HENRI MARTIN

« Mes chers concitoyens,

« Je ne m'attendais pas à l'honneur qui m'est ainsi déféré. Il me semblait naturel que lorsqu'il s'agit de rendre hommage à un grand homme d'action, la parole appartient en premier lieu à qui sait, non pas seulement dire, mais faire. Il y a ici un homme qui a su combattre vaillamment et habilement pour la France, et cet homme est le chef de l'armée.

« Puisque M. le Ministre de la guerre veut bien m'appeler à cette tribune, qu'il soit permis au vieil historien qui a passé sa vie à étudier, à remettre en mémoire les gloires de la France, qu'il lui soit permis d'exprimer sa joie de voir cette journée de réparation avant de mourir! Il y a cinquante ans que nous l'attendions! c'était au lendemain du jour où reparut le drapeau tricolore après une éclipse de quinze années; c'était au lendemain du 29 juillet que la statue du grand Carnot eût dû être érigée sur cette place!

« Comment l'homme dont le nom remplissait tous nos livres, était dans toutes les mémoires et dans toutes les bouches, comment cet homme n'a-t-il pas eu plus tôt son image en bronze et en marbre consacrée par la reconnaissance nationale?

« Son nom était-il donc débattu, contesté parmi nos orageuses controverses politiques? Non; quoique associé, sous la pression d'événements extraordinaires, à des noms tour à tour admirés et maudits dans la dicta-

ture révolutionnaire, son nom a toujours été mis à par
dans le sentiment public.

« Les partis eux-mêmes se sont tus devant lui. Au
jour le plus violent de la réaction thermidorienne, quand
on proscrivait ses collègues, ses collaborateurs même
les plus irréprochables, des réacteurs le désignèrent à
son tour. Une voix, c'était celle du généreux Lanjuinais, éclata sur les bancs de la Convention : « Oserez-
vous porter la main sur l'*orgainsateur de la victoire?* »

« Tous rentrèrent dans le silence.

« Quelle a été la raison de cette popularité sans en-
gouement, sans emportement et sans retour, profonde,
universelle, indestructible, de cette popularité qui lui a
fait attendre sa statue près d'un siècle, mais qui lui avait
conquis le respect unanime dès les premiers jours?

« La raison n'en a pas été seulement l'immensité des
services, mais la physionomie, le caractère, l'ensemble
de la personne et de la vie.

« Il avait les idées mais non les formes de son temps :
les principes et les fortes croyances de Rousseau, sans
rien des habitudes déclamatoires où étaient tombés les
disciples de Rousseau, déclamations qui, pourtant, il
faut bien le dire, ne s'évaporaient point en paroles,
mais se traduisaient en actes dont la grandeur a été
l'admiration et l'effroi du monde. Lui, il avait la grandeur des actes sans l'exagération du langage.

« Son austérité sans rudesse, sa douceur grave chez un
si grand guerrier, une allure si peu militaire, ses goûts
de retraite et de science, ses mœurs de famille, la simplicité qu'il portait en toute chose, tout en faisait un homme
à part, un de ces hommes de Plutarque dans lesquels
on a voulu voir des types de convention et qui néan-
moins se réalisent pour l'honneur de l'humanité.

. . . .

« Vous voyez cette figure ailée qui plane sur l'image
du grand homme ; elle va se poser au point que lui indi-
que le doigt de Carnot ; cette figure, c'est la Victoire, et,
sur ce point est écrit : WATTIGNIES.

« Cette statue représente Carnot, méditant le plan de
l'immortelle campagne de 93, de cette campagne où il
va en personne délivrer la Flandre à Wattignies et où
il envoie Hoche délivrer l'Alsace à Reischoffen, au
Gaisberg, à Wissembourg, ces lieux témoins des triomphes de nos pères et de nos calamités.

« Carnot avait deviné le génie de ce jeune héros, dont
la mort prématurée a été peut-être le plus grand de nos
malheurs, et par ce qu'elle a empêché Hoche d'exécuter,
et par ce qu'elle a rendu possible à un autre de faire.

« Carnot avait aussi deviné le génie militaire de cet
autre ; mais il n'avait pas deviné son funeste génie
politique.

. . . .

« Nous n'avons pas eu, nous, génération sacrifiée, les
glorieuses fortunes de nos pères, et cependant nous ne
nous sentons pas indignes de célébrer leur mémoire ;
nous n'avons pas connu le succès, mais nous avons
gardé l'honneur ; elle l'a gardé, cette ancienne armée,
victime courageuse de l'impéritie d'un gouvernement
funeste ; elle l'a gardé, elle aussi, cette armée nouvelle,
cette armée improvisée en 1870, qui a été jetée sur les
champs de bataille en naissant et qui a lutté à outrance
dans des conditions que jamais on n'eût cru possible.
Vous y étiez, Monsieur le ministre de la guerre, et vous
pouvez vous rendre et rendre à vos compagnons d'arme
un juste témoignage ! Oui, nous avons droit de saluer
aujourd'hui cette grande image et de transmettre cette
glorieuse mémoire à nos fils, qui seront plus heureux
que nous. »

III

DISCOURS DU MINISTRE DE LA GUERRE

Après avoir dit qu'il devait à la confiance du Président de la République et à l'amitié de la famille Carnot, l'honneur d'être venu présider cette cérémonie, M. le général Billot déclare qu'il vient, au nom de l'armée, rendre hommage au grand Carnot.

« On ne peut, dit-il, mieux faire apprécier l'homme modeste et le vaillant soldat qu'en lisant le rapport présenté par le général Berthier, major général des armées de la République, au premier Consul, pour lui rendre compte des services remarquables de Carnot, et lui demander de l'élever au grade de général de division.

« La proposition ne fut pas agréée. Trop impérieux pour subir la fierté et l'indépendance de Carnot, le premier consul commit cette suprême injustice à l'égard de celui qui, chef de bataillon du génie depuis 1783, eut mérité, après l'œuvre qui ramena la victoire sous nos drapeaux, bien plus que l'honneur que sollicitait pour lui le général Berthier.

« Carnot consacra alors des années de loisir à la science. Le premier Consul fut nommé consul à vie, de consul à vie empereur. Une seule voix s'éleva au Tribunat pour la défense de la liberté: ce fut celle de Carnot. »

Le général Billot rappelle le vœu formulé par M. Trélat à la constituante de 1848 et prend bonne note du désir exprimé par M. le maire de Nolay de voir ce vœu se réaliser. S'adressant à ses collègues du sénat présents à la cérémonie et aux députés de la Côte-d'Or et de

Saône-et-Loire : « J'espère, dit-il, Messieurs, que vous m'aiderez à remplir l'engagement que je prends en ce moment. »

Le général Billot ne veut pas achever son discours sans citer un témoignage étranger sur Carnot, recueilli dans un livre inspiré par la piété filiale. « Puisse, dit-il, cette grande figure, dans les temps difficiles que nous traversons, servir de symbole aux républicains et aux Français, en leur rappelant les sacrifices qu'il faut savoir faire en vue de l'union. Il faut tout subordonner à l'intérêt de la patrie, au culte de la France ! »

IV

DISCOURS DE M. E. MERCADIER
Directeur des études à l'École polytechnique

« MESSIEURS,

« Les patriotes qui ont organisé cette noble cérémonie et la famille du grand Carnot ont désiré que l'École polytechnique fût représentée ici.

« Sans doute, les membres du Comité ont jugé nécessaire, dans ce coin de la Bourgogne, la présence d'un délégué de l'École créée, fondée, énergiquement soutenue principalement par trois hommes de ce pays : par Carnot, de Nolay ; par Monge, de Beaune, et Prieur, de la Côte-d'Or.

« Quant à la famille du grand homme que nous honorons aujourd'hui, et qui se trouve réunie autour de sa statue, pouvait-elle oublier que parmi les quatre descendants directs de Carnot, trois sont d'anciens élèves de l'École. Le premier, le fils aîné, Sadi Carnot, est mort hélas ! il y a bien longtemps, enlevé trop jeune à la patrie, mais après l'avoir défendue contre l'invasion de 1814 et après avoir découvert les principes d'une science nouvelle, laissant ainsi un nom impérissable.

« Les deux autres sont les petits-fils : ils sont ici : ils ont le bonheur d'assister avec leur respecté et vénérable père à la glorification de l'organisateur de la victoire.

« Tous les trois ont suivi sa glorieuse trace; tous les trois n'ont jamais oublié (qu'il me soit permis de le dire) que la noble devise donnée à l'École où ils ont passé par ses fondateurs :

« *Pour la patrie, les sciences et la gloire,*

pouvait être regardée aussi comme la devise du grand Carnot.

« En effet : *Pour la patrie !* dit-elle d'abord.

« Le patriotisme, cette grande vertu, qui donc l'a possédée plus complètement que Carnot ? Officier, député, commissaire aux armées, membre du Comité de Salut public, deux fois ministre et deux fois proscrit, n'est-ce pas le patriotisme le plus pur qui constitua l'unité de cette vie si belle et si agitée ? Qui donc a mieux que lui servi et défendu la patrie menacée ? Qui donc l'aima jamais d'un plus ardent amour ?

« *Pour les sciences !* Est-il possible d'oublier que Carnot fut membre de l'Académie des sciences, et que l'auteur de l'*Essai sur les machines* et du *Théorème sur les pertes de force vive* qui porte son nom, l'auteur des *Réflexions sur la métaphysique du calcul infinitésimal,* l'auteur de la *Géométrie de position,* l'auteur de l'*Éloge de Vauban* et du *Mémoire sur la défense des places fortes,* fut aussi savant que patriote ?

« Enfin : *Pour la gloire !* Quelle gloire plus durable et
plus pure que celle de Carnot, la seule qu'il ambitionna
jamais, celle de défendre victorieusement contre l'étranger le sol sacré de la patrie ? Y a-t-il déjà, y aura-t-il
plus tard dans notre histoire nationale beaucoup d'ima-
ges plus glorieuses que celle de l'organisateur des
quatorze armées de la République, de l'auteur des plans
de campagne de 1793, 94 et 96, de celui qui tira de
l'obscurité Hoche, Marceau, Kléber et même Bonaparte,
du soldat héroïque de Furnes, de Wattignies et d'Anvers ?

« Ainsi, en réalisant si complètement notre vieille devise, Carnot a laissé à l'École qu'il a tant contribué à
fonder un grand exemple. Elle s'en est toujours souvenu ;
elle a toujours essayé de le suivre, et comme pour s'y
exciter elle-même, elle a fixé l'image vénérée de l'illustre
citoyen dans la salle des délibérations de ses conseils.

« Puisque j'ai l'honneur et la joie de la représenter
aujourd'hui, qu'il me soit permis en son nom d'adres-
ser au grand Carnot, en face de sa belle statue, un témoignage public de reconnaissance, de respect, et
d'admiration ! »

V

DISCOURS DE M. HIPPOLYTE CARNOT

Sénateur, membre de l'Institut.

« Chers concitoyens,

« Cette fête ne doit pas s'achever sans que la famille
Carnot, vienne payer une dette de reconnaissance envers la ville de Nolay, qui en a pris l'initiative, et
envers vous particulièrement, Monsieur le maire, qui

la représentez si bien. Ce devoir appartient au doyen de la famille, et je viens m'en acquitter.

Un rare bonheur m'a été réservé : celui de vivre assez longtemps pour voir cette journée. J'ai pu saluer l'image de mon père dans sa ville natale, devant la maison où il fit l'apprentissage des vertus qui lui ont valu le respect et l'affection de ses concitoyens.

Jamais le nom de fête de famille ne fut mieux mérité que par celle d'aujourd'hui : c'est un ancien habitant de Nolay qui rentre dans ses foyers, rappelé par ses amis après un long exil. Il revient dans cette Bourgogne, dans cette chère Bourgogne, terre de patriotisme, à laquelle il ne cessa jamais d'appartenir, vers laquelle ses yeux se tournaient toujours, du fond de l'exil comme du sommet des grandeurs.

L'homme public a trouvé tout à l'heure pour le louer des voix autorisées, des bouches éloquentes. Ceux qui ont parlé avaient acquis ce droit par des services éclatants sur le champ de bataille, dans les charges de l'État ou dans le cabinet d'étude. J'ai écouté leurs discours avec émotion ; mais il me reste une tâche également précieuse et que je revendique comme fils : celle de parler de l'homme privé, du père de famille. Celui-ci, je l'atteste, ne fut pas moins grand que l'autre.

Lorsque des étrangers s'arrêteront devant cette statue et demanderont aux habitants de Nolay qui elle représente, les uns répondront : « C'est un soldat qui servit la France dans les temps les plus difficiles et qui contribua à sauver l'indépendance nationale. » D'autres diront : « C'est un savant qui a agrandi le domaine de la science. « D'autres : » C'est un bon citoyen, un des fondateurs de la République. » Moi, son fils, je vous prie de répondre, d'une voix plus haute et plus ferme encore : « Ce fut un homme de cœur et un homme de bien ! »

TABLE DES MATIÈRES

CHAPITRE VI

CHAPITRE VII

CHAPITRE VIII

1794-1795

CHAPITRE IX

1795-1797

CHAPITRE X

1799-1804

CHAPITRE XI

1814-1815

CHAPITRE XII

1815-1823

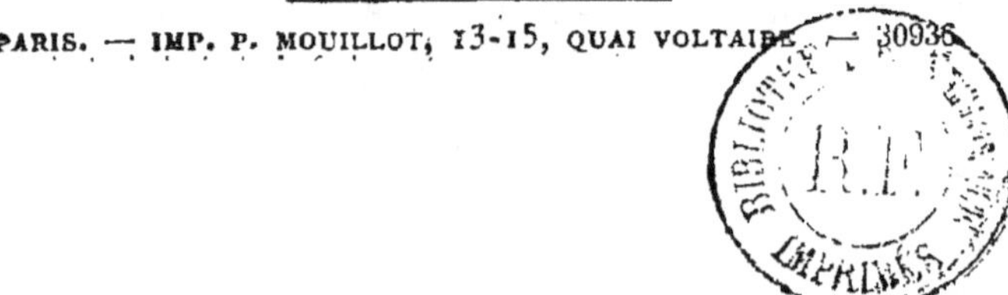

PARIS. — IMP. P. MOUILLOT, 13-15, QUAI VOLTAIRE — 30935

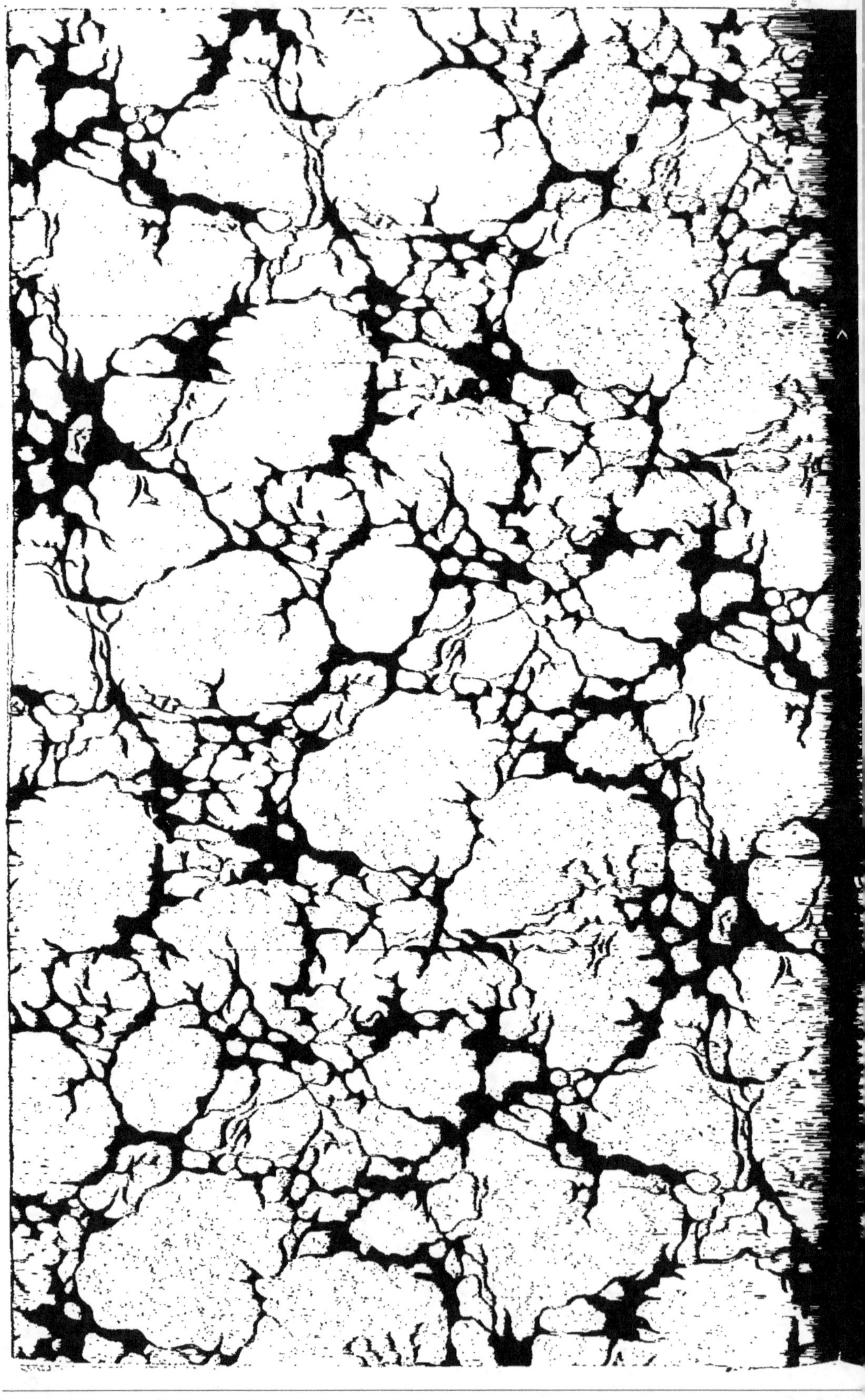

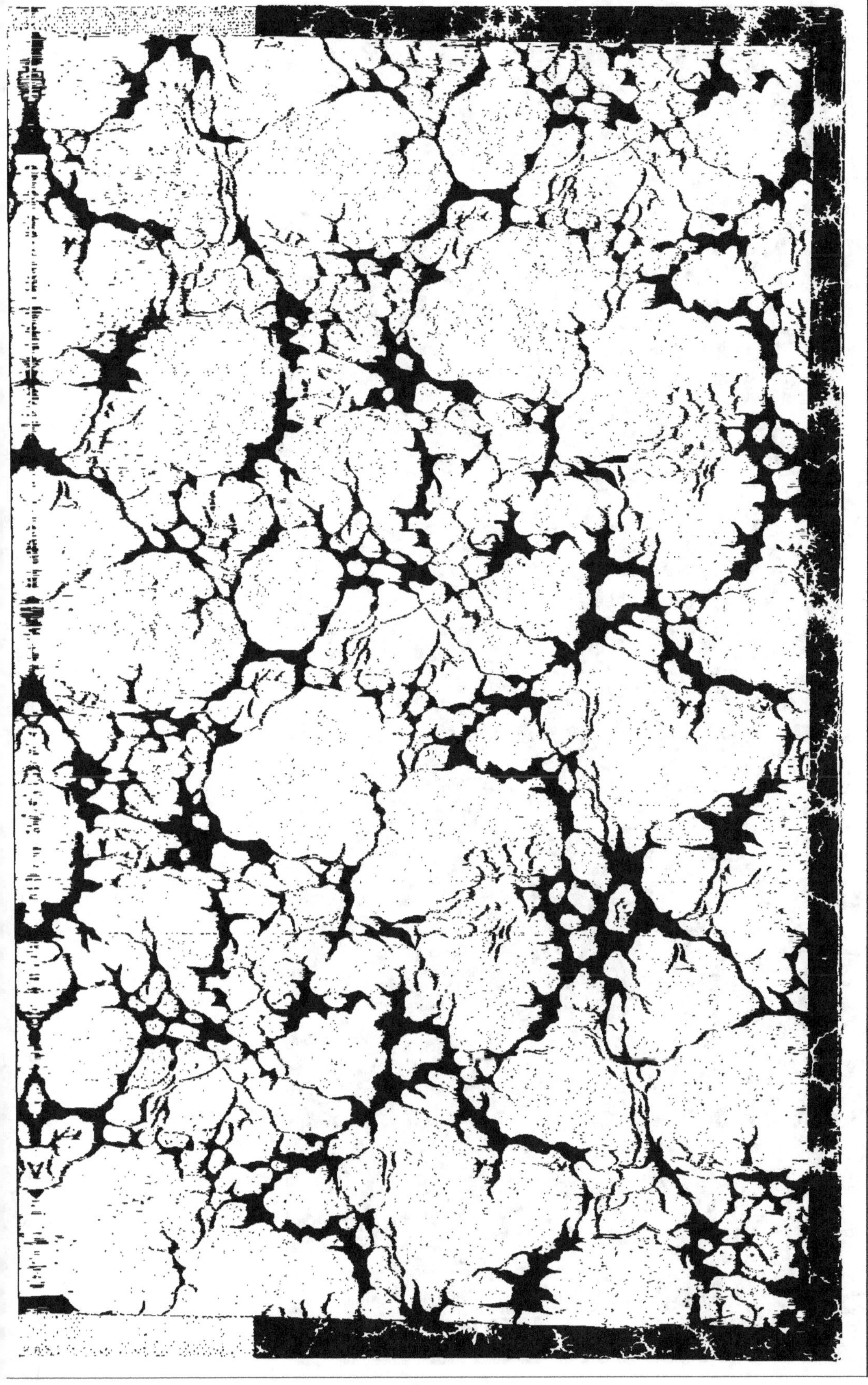

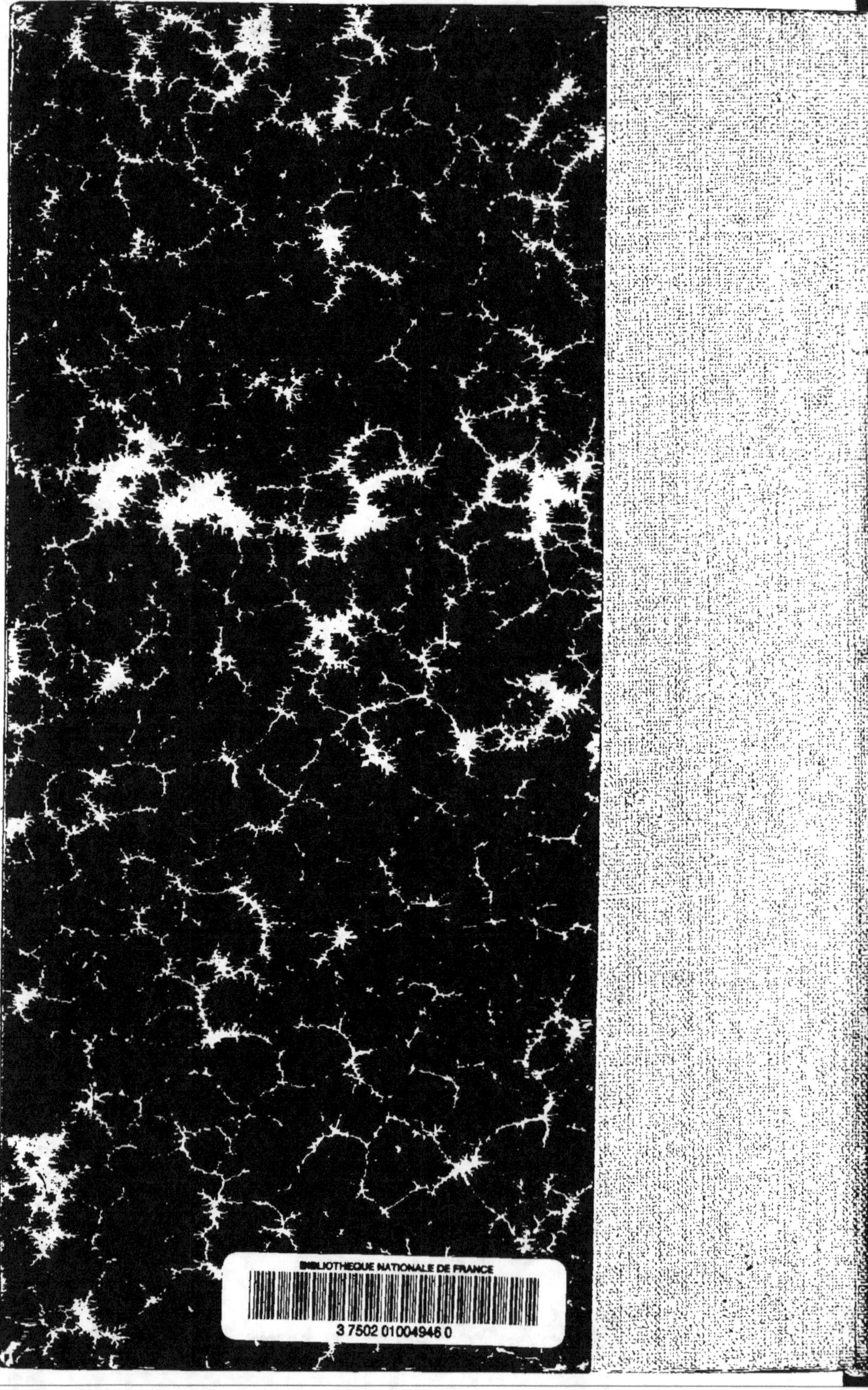